500 TRUCS DE
JARDINAGE

Données de catalogage avant publication (Canada)

Meloche, Marc, 1951-

    500 trucs de jardinage

    Publ. à l'origine dans la coll.: Collection Guides pratiques.

    ISBN 2-7640-0112-6

    1. Jardinage. I. Titre. II. Titre: Cinq cents p'tits trucs de jardinage. III. Titre: Cinq cents petits trucs de jardinage. IV. Titre: 500 petits trucs de jardinage.

SB435.M44 1996   635   C96-940462-X

LES ÉDITIONS QUEBECOR
7, chemin Bates
Bureau 100
Outremont (Québec)
H2V 1A6
Téléphone: (514) 270-1746

© 1996, Les Éditions Quebecor
Dépôt légal, 2ᵉ trimestre 1996
Bibliothèque nationale du Québec
Bibliothèque nationale du Canada
ISBN: 2-89089-520-3 1ʳᵉ publication
ISBN: 2-7640-0112-6

Éditeur: Jacques Simard
Coordonnatrice à la production: Dianne Rioux
Conception de la page couverture: Bernard Langlois
Photo de l'auteur: Pierre Dionne
Impression: Imprimerie L'Éclaireur

500 TRUCS DE JARDINAGE

MARC MELOCHE

Les Éditions
Quebecor

LE MOT DE L'AUTEUR

Jardiner est un passe-temps pratiqué depuis des siècles. Voir fleurir des plantes ou cueillir un légume frais de son jardin ont, de tous temps, émerveillé les gens. En fait, le contact direct avec la nature est un besoin essentiel dont nos populations modernes, envahies par le béton et la technologie, sont hélas trop souvent privées. C'est probablement pour cela que les gens se sentent de plus en plus attirés vers le jardinage. Presque tous ressentent le besoin de s'entourer de verdure, des jardins de banlieue jusqu'aux simples balcons du centre-ville. Planter, arroser, tailler, récolter, bref jardiner constitue une activité de détente et de plein air des plus bénéfiques.

Cependant, les plantes, les arbres et les légumes ont souvent des exigences que tous et chacun ne connaissent pas nécessairement. Si les tomates de votre voisin sont tellement plus belles que les vôtres, c'est probablement qu'il connaît un «truc» que vous ignorez! Ce genre de truc est justement l'objet du présent ouvrage, un petit livre sans prétention mais plein de secrets et de conseils pratiques. Le jardinier amateur y trouvera une foule de renseignements sur les plantes, les fleurs, les arbres, le jardin potager, etc. Facile à consulter, ce livre deviendra vite pour le lecteur un outil de travail des plus utiles.

Marc Meloche,
horticulteur

AÉRATION

Tous les deux ans, au printemps, il importe d'aérer la pelouse. Pour ce faire, on peut louer un aérateur. Cet appareil enlève des carottes de terre; il fore des trous de 8 à 10 cm (de 3 à 4 po) dans votre terrain.

L'aération évite le compactage du sol; l'air, l'eau et les engrais peuvent ensuite mieux y pénétrer.

Les vers de terre contribuent à l'aération du sol de votre potager lorsqu'ils creusent leurs petites galeries; il importe donc de ne pas les détruire.

AIL

Quelques plants d'ail plantés entre les rosiers contribuent à éloigner les pucerons.

L'ail éloigne également les pucerons qui s'attaquent à presque toutes les plantes. Près des tomates, il chasse aussi l'araignée rouge.

ALYSSES
(Alyssum)

Les alysses annuelles se resèmeront d'elles-mêmes si vous les laissez en place à l'automne.

ANÉMONES

Les bulbes d'anémones ressemblent à des biscuits pour chien. Ils reprendront beaucoup mieux si vous les faites tremper dans l'eau toute la nuit précédant leur plantation.

ANNUELLES

Les plantes et les fleurs annuelles, comme leur nom l'indique, ne vivent qu'un an.

On peut se les procurer en graines ou en plants prêts au repiquage.

Pour obtenir les meilleurs résultats, plantez vos annuelles par une journée froide et pluvieuse. Le résultat en vaut la peine.

Choisissez les plants les moins fleuris. Ils prendront mieux et dépasseront vite les autres.

Lors de la plantation, trempez la motte de terre de chaque plant dans un récipient rempli d'une solution d'engrais dilué de type 10-52-10.

Les pétunias et les alyssums fleuriront plus abondamment par la suite si vous enlevez les premières fleurs dès qu'elles sont fanées.

Les fleurs annuelles à croissance rapide comme le cosmos, le pavot de Californie et la capucine peuvent remplacer temporairement les vivaces et donner de la couleur à votre jardin quand vous attendez que les vivaces s'établissent et commencent à fleurir. Il suffit de les semer directement dans la terre à la fin du printemps. Ne les achetez pas en plants prêts à repiquer: leur coût est trop élevé.

AOÛT

Il vaut mieux rentrer vos plantes de maison vers la fin du mois, avant que les nuits ne deviennent trop froides. Les azalées cependant doivent demeurer dehors jusqu'en octobre.

Profitez-en pour empoter quelques plants de fines herbes. La ciboulette, le thym, le romarin et l'estragon croîtront longtemps sur un rebord de fenêtre ensoleillé, et persisteront souvent jusqu'au printemps.

Cessez toute application d'engrais à compter de la mi-août afin de ralentir tranquillement la croissance des plantes. L'automne sera bientôt à nos portes.

Cessez de tailler les haies avant la fin du mois pour que la dernière repousse puisse s'endurcir avant l'arrivée de l'hiver.

ARBRES

Comment les choisir

Lorsque vous choisissez un arbre à la pépinière, tôt au printemps, regardez d'abord s'il bourgeonne.

Mentionnons que le meilleur moment pour acheter un arbre survient quand les bourgeons commencent à se gonfler, mais avant que les feuilles ne soient complètement ouvertes.

Examinez attentivement tous les arbres de la variété désirée, et arrêtez-vous devant ceux qui ont le plus de bourgeons verdoyants. Ceux qui n'ont pas encore bourgeonné sont des sujets plus faibles, et ceux qui sont déjà en feuilles subiront mal le choc de la transplantation. Assurez-vous que les bourgeons sont à peu près également répartis sur les branches. En effet, un arbre dont un côté seulement bourgeonne affiche clairement une faiblesse causée soit par le gel, soit par le dépérissement, soit encore par une blessure, et il doit être rejeté.

Examinez le tronc et les branches principales afin d'y déceler une blessure importante ou un dessèchement marqué d'une partie de l'écorce. Rejetez d'emblée tous les sujets douteux.

Enfin, portez attention à la forme générale de l'arbre. Vous préférerez ceux dont les branches sont bien disposées et bien proportionnées aux autres dont les branches partent presque toutes du même côté.

Ce n'est finalement pas nécessairement l'arbre le plus gros de sa catégorie qui sera le meilleur. Très souvent, un sujet de moindre dimension, mais à la présentation parfaite, prendra plus facilement et dépassera rapidement l'arbre plus gros mais en moins bonne santé.

L'entretien des jeunes arbres nouvellement plantés se résume à peu de choses. Au moins deux ou trois fois durant l'été, il faut biner la terre autour du tronc pour la maintenir bien meuble et libre de mauvaises herbes. Il serait bon d'appliquer un engrais organique à la base du tronc à tous les printemps, au cours des cinq années qui suivent la transplantation.

ARBRES À FEUILLES PERSISTANTES

Comme les aiguilles ou les feuilles des conifères, les feuilles des arbres à feuillage persistant ne tombent pas à l'automne.

Les arbres et les arbustes à feuilles persistantes apportent à votre jardin une note d'exotisme.

Ces plantes demandent plus d'attention que les arbres et arbustes à feuilles caduques ou que les conifères, et leur rusticité (résistance) reste précaire.

ARROSAGE

Un bon arrosage par semaine en période de sécheresse suffit à la plupart des plantes et des arbustes.

Évitez les petits arrosages quotidiens qui font plus de tort que de bien.

Il est faux de croire qu'un arrosage en plein soleil peut brûler les plantes ou la pelouse. Au contraire, elles peuvent bénéficier grandement de l'effet de rafraîchissement que procure un arrosage par temps chaud et sec.

L'arrosage nocturne peut, quant à lui, stimuler le développement de maladies et d'insectes. Il vaut quand même mieux arroser la nuit si votre potager et vos arbustes sont très desséchés.

Pour être efficace, l'arrosage doit rejoindre les racines les plus profondes.

La pluie qui laisse 10 mm (2/5 po) s'enfonce à 4 ou 5 cm (1 1/2 à 2 po) dans le sol.

ASPERGES

L'asperge est une plante vivace, c'est-à-dire qu'elle repousse d'elle-même à chaque printemps. Il faut donc prévoir un endroit où les plants seront installés en permanence. Comme l'asperge atteint près de 2 m (6 1/2 pi) de hauteur au cours de l'été, il faut prendre garde qu'elle n'ombrage tout le jardin.

À partir du semis, cette plante fort décorative met trois ans à atteindre la maturité. Il est donc préférable d'acheter à la pépinière des plants d'un an. Ces plants commenceront à produire l'année suivante.

Plantez-les tôt au printemps en rangs espacés de 1 m (3 1/4 pi), et laissez environ 45 cm (18 po) entre chaque plant.

L'asperge préfère une terre légère, riche, et exempte de mauvaises herbes: appliquez un engrais complet au cours de l'été et effectuez de fréquents binages.

La récolte

On récolte l'asperge le printemps suivant, lorsque les jeunes pousses sortent de terre.

Coupez-les au niveau du sol dès qu'elles atteignent une hauteur approximative de 15 cm (6 po). De nouvelles tiges apparaîtront bientôt. Coupez de la même façon et ainsi de suite pendant de cinq à huit semaines, selon la vigueur de la plante. Lorsque les nouvelles tiges se font plus frêles et moins abondantes, cessez la coupe.

Il ne faut pas couper le feuillage de l'asperge pendant l'été, car la plante en a besoin pour se régénérer et préparer la récolte du printemps prochain.

Appliquez un engrais complet immédiatement après la dernière récolte afin d'encourager une repousse vigoureuse.

ATTACHES

Pour attacher une plante ou un arbre au tuteur, il faut toujours employer des lanières de cuir ou de tissu, jamais de corde ou de fil de fer, lesquels blesseraient votre plante ou votre arbre.

(Voir aussi **Tuteurs**.)

AVRIL

Dès la fonte des neiges, badigeonnez le bas du tronc de vos bouleaux avec un insecticide à base de cygon pour détruire les larves de la mineuse qui font brunir les feuilles pendant l'été.

Ne découvrez pas trop tôt les rosiers et les arbustes fragiles. Le meilleur moment pour le faire survient lorsque les bourgeons des lilas commencent à se gonfler.

Plantez les arbustes à racines nues le plus tôt possible avant que les bourgeons n'éclatent. Lorsqu'ils sont en feuilles, il est déjà trop tard.

Attendez que le sol soit bien sec avant de râteler votre gazon, sinon vous l'abîmerez.

Pour ensemencer un gazon dès avril, on mélange une partie de graines de gazon à deux parties d'engrais dans l'épandeur. Ces graines de gazon, répandues très uniformément à la grandeur du terrain, comblent les vides qui s'y sont formés. Attendez encore un mois avant d'appliquer un herbicide.

AZALÉES

Les azalées des fleuristes peuvent être mises en terre à la fin mai et rentrées en octobre après quelques gelées. Elles fleuriront une bonne partie de l'hiver.

AZOTE

L'azote encourage la croissance du feuillage et de toute la plante en général. Une quantité substantielle d'azote est importante tôt au printemps, afin de faire démarrer rapidement la croissance.

L'azote est le premier élément qui apparaît sur la liste de chiffres imprimée sur les emballages d'engrais.

(Voir aussi **Fertilisation** et **Engrais**.)

BACS EN CIMENT

Si vous comptez planter des vivaces dans des bacs en ciment, isolez les parois intérieures du bac avec du «styrofoam» de construction.

BAS

De vieux bas de nylon découpés en lanières constituent d'excellentes attaches pour retenir vos plantes ou vos jeunes arbres à leur tuteur.

(Voir aussi **Attaches**.)

BOÎTES À FLEURS

Veillez à ce que vos boîtes à fleurs soient assez larges et profondes pour qu'elles ne se dessèchent pas par temps sec.

Prévoyez toujours un orifice de drainage au fond du bac ou de la boîte à fleurs.

BOULEAUX

Plantez toujours les bouleaux au printemps. Curieusement, les bouleaux transplantés à l'automne reprennent rarement; alors, mieux vaut le faire au printemps.

Badigeonnez le tronc de vos bouleaux d'une bande de solution à base de cygon en avril, lorsque les bourgeons des lilas commencent à gonfler. Répétez l'opération en juillet. Cette application préviendra l'apparition de la mineuse qui s'en prend à cette sorte d'arbre.

BOYAU D'ARROSAGE

Quand vous magasinerez pour faire l'achat d'un boyau d'arrosage, choisissez de préférence les boyaux de caoutchouc. Ils sont plus malléables que ceux de vinyle, et ils risquent moins de percer.

Le jet d'arrosage classique que l'on fixe au boyau et que l'on visse et dévisse à la main reste le meilleur achat.

Les arrosoirs à gazon rotatifs ou oscillants sont tous aussi efficaces les uns que les autres.

BULBES

Les bulbes se divisent en trois catégories, selon la précocité de leur floraison: **H** indique une floraison hâtive, c'est-à-dire de la fin mars à la fin d'avril; **M** précise que la plante a une floraison de mi-saison, donc de la fin d'avril jusqu'à la mi-mai; et **T** vous dit que la floraison se produira tardivement, soit de la mi-mai au début de juin.

Le bulbe d'automne (colchique ou crocus d'automne) reste le seul de sa catégorie. On le plante tôt à l'automne pour qu'il fleurisse trois ou quatre semaines plus tard.

Les fleurs des bulbes d'automne sortent toutes seules à la morte saison; les feuilles n'apparaissent qu'en juin de l'année suivante.

Ne plantez pas vos bulbes en rangs d'oignons. L'effet sera beaucoup plus beau si vous les plantez en groupes de cinq bulbes et plus.

Avant de planter vos bulbes, il est bon de les faire tremper quelques heures dans un récipient rempli d'une solution d'eau et d'engrais dilué; cela leur permettra de s'enraciner plus rapidement.

Pour savoir d'où sortiront les futures tiges — et puisqu'on demande que vous plantiez les bulbes à l'endroit — faites tremper vos bulbes dans de l'eau tiède pendant douze heures avant leur mise en terre. Les bulbes se gonfleront et vous verrez d'où sortaient les anciennes racines. Cette partie-là va en dessous.

Plantez vos bulbes à une profondeur équivalant à environ trois fois leur grosseur.

Si vous avez planté vos bulbes un peu tard (fin octobre, début novembre), installez un paillis de feuilles mortes sur le sol qui les recouvre. Le paillis empêchera la terre de geler pendant quelques semaines, et les bulbes auront le temps de s'enraciner.

Lorsque vous coupez les fleurs pour en faire des bouquets au printemps, laissez au moins deux paires de feuilles sur la tige. En effet, le bulbe en a besoin pour refaire ses provisions.

On achète ordinairement les bulbes à l'automne, et ils fleurissent au printemps.

Les bulbes que l'on se procure par la poste sont des bulbes de deuxième classe.

Les bulbes de qualité portent tous des noms de variété. Par exemple: les jacinthes «Blue Giant».

Achetez vos bulbes en vrac plutôt qu'en boîtes de 10 ou de 25.

On reconnaît un bon bulbe à sa fermeté.

On achète les bulbes d'été entre les mois de mai et de février, et ils fleurissent l'été suivant.

On doit commencer certains bulbes à l'intérieur, et d'autres en pleine terre, au printemps.

Remisage des bulbes

Après les premières gelées en septembre ou en octobre, déterrez les bulbes, coupez les tiges et les feuilles à 2 cm (3/4 po) du bulbe lui-même, et laissez-les sécher pendant environ deux semaines au soleil.

Secouez l'excédent de terre des bulbes, et déposez-les dans des boîtes ou des sacs de papier (jamais de plastique) emplis de vermiculite sèche. Rangez sacs et boîtes dans un endroit frais et sec jusqu'au printemps prochain.

CALADIUMS

Avec leurs grandes feuilles colorées, les caladiums constituent d'excellentes plantes annuelles pour le jardin.

Plantez de préférence les caladiums dans un endroit semi-ombragé et protégé des grands vents.

CAPUCINES

La capucine, plantée à proximité des légumes, aide à chasser les sauterelles qui raffolent des plantes feuillues.

La cicadelle, insecte que l'on peut trouver sous les feuilles de presque toutes les plantes et qui peut transmettre des maladies virales aux pommes de terre, déteste particulièrement la capucine.

CAROTTES

Pour vous assurer de récolter des carottes longues et droites, bêchez le sol profondément, soit à environ 30 cm (12 po), avant de semer.

CENDRES

Ne jetez pas les cendres de votre foyer. En hiver, elles préviennent les chutes sur les trottoirs et remplacent avantageusement le sel. En effet, la cendre est biodégradable et riche en potasse, élément nutritif dont vos arbustes ont besoin.

À la base des plantes, la cendre de bois empêche la mouche du chou de déposer ses oeufs.

CHOUX

Pour empêcher les vers gris de sectionner les tiges de vos choux à la faveur de la nuit, placez une rondelle de papier goudronné sur le sol autour du pied de chaque plant.

CHOUX-FLEURS

Pour faire blanchir les choux-fleurs, il faut attacher les feuilles du haut ensemble, de façon à former une tente autour de chaque «pomme». Le manque de lumière fait blanchir la pomme. Le moment propice au blanchiment survient lorsque la pomme atteint la taille d'un pamplemousse.

CHRYSANTHÈME

Le chrysanthème, planté à proximité des légumes, contribue à chasser la sauterelle qui le déteste, mais qui raffole des plantes feuillues.

CIBOULETTE

La ciboulette est probablement l'une des plantes les plus résistantes. Vous pouvez la cultiver en pot, sur le balcon et laisser hiverner le pot dehors. La ciboulette se portera très bien le printemps suivant.

CIGARE

Une décoction de tabac à cigare réprime bon nombre d'insectes. Faites tremper un gros cigare dans 5 litres (environ 5 pintes) d'eau pendant à peu près une semaine. Conservez ensuite le mélange dans un contenant fermé que vous pourrez utiliser avec un pulvérisateur.

CISAILLES

Utiles pour tailler les haies et les arbustes, les cisailles adoptent plusieurs formes. Certains modèles ont des lames ondulées. Ils ne sont pas meilleurs que les modèles à lames droites, mais ils coûtent presque le double. Optez donc pour les lames droites, et utilisez l'argent économisé pour vous acheter une bonne paire de gants de jardinage.

(Voir aussi **Outils**.)

CLIMAT

Voir **Rusticité**.

CLOPORTES

Ces bestioles désagréables seront attirées par des tranches de pommes de terre déposées le soir sur le sol entre les fleurs ou les légumes. Ramassez les tranches le matin et jetez-les à la poubelle.

CLÔTURE DE BROCHE

Si vous voulez cacher une clôture de broche, vous pouvez y faire grimper de la vigne vierge ou de la vigne à raisins. Plantez un pied tous les 2 m (6 1/2 pi). Au bout de trois ans, votre clôture se sera transformée en haie très dense.

COCCINELLES

Ne détruisez pas les coccinelles, car elles se nourrissent d'insectes nuisibles, particulièrement les pucerons et les araignées rouges qui aiment autant les plantes que les fruits.

Dans la famille de cet insecte utile qu'est la coccinelle, il y a un mouton noir: le chrysomèle du haricot, qu'il faut détruire. Il revêt un manteau de la couleur bronze, tacheté de noir.

COMPOST

Le compost est une forme d'engrais naturel, une mince couche de débris végétaux tapissant le sol des forêts. Ce compost (ou humus) est riche en éléments nutritifs, et améliore considérablement la texture du sol, lorsqu'on l'y incorpore.

Fabriquer soi-même son compost est une coutume ancienne malheureusement presque tombée dans l'oubli, un peu comme le gâteau aux fruits des Fêtes que l'on achète maintenant tout fait. Rien ne vaut toutefois le compost fait chez soi.

De bonne heure au printemps, choisissez un endroit semi-ombragé, un peu à l'écart de votre jardin. Bêchez bien la terre, et ajoutez-lui un peu de fumier déshydraté. Mêlez au fumier quelques poignées d'engrais chimique. Composez le tas avec des feuilles mortes et des débris de plantes annuelles qui ont passé l'hiver sur le terrain. Faites un tas d'environ 15 cm (6 po) d'épaisseur.

Il est bon d'entourer le tas d'une clôture de broche à poule pour que le vent ne l'éparpille pas.

À mesure que la belle saison avance, ajoutez à votre monticule les rognures de gazon, les mauvaises herbes que vous venez d'arracher, de même que certains déchets de cuisine (des pelures de légumes et de fruits, des coquilles d'oeufs, etc.), et un peu de cendre de bois, si vous en avez. N'utilisez cependant pas de déchets de provenance animale tels que des os ou du gras de viande, de peur d'attirer tous les animaux du quartier. Lorsque cette nouvelle couche atteint elle aussi 15 cm (6 po) d'épaisseur, saupoudrez le tas d'engrais chimique tout usage, et recouvrez le tout d'une couche de terre de 5 cm (2 po) d'épaisseur.

Au début de juillet, retournez le tas sens dessus dessous, et recommencez à entasser les déchets en couches successives de 15 cm (6 po). Saupoudrez un peu d'engrais chimique entre les couches, et recouvrez de 5 cm (2 po) de terre toutes les deux couches. Un tas de compost appréciable doit atteindre environ 1,5 m (5 pi) de hauteur.

Retournez le tas à la fin de l'été et une dernière fois juste avant la chute des neiges. Votre compost sera prêt à utiliser le printemps prochain. Le compost que vous n'utiliserez pas pourra toujours servir de base au nouveau tas, ou être emmagasiné pour usage ultérieur.

CONCOMBRES

Les concombres mûrissent mieux si les plants peuvent grimper plutôt que ramper. Pour ce faire, faites-les courir sur des ficelles attachées à un balcon ou à la corniche du toit.

Plantez de préférence les concombres dans des monticules, en plaçant quatre plants par butte.

Cueillez les concombres dès qu'ils atteignent 15 cm (6 po) de longueur, afin de stimuler la formation de nouveaux fruits.

CONIFÈRES

Pour avoir de beaux conifères bien verts au printemps, arrosez-les copieusement en novembre, juste avant que la terre ne gèle pour de bon.

Le meilleur moment pour planter les conifères se situe entre le 15 août et le 15 septembre.

Lorsque vous taillez un conifère, ne coupez que les nouvelles pousses, jamais le vieux bois, de peur de voir toute la branche jaunir.

Comment les choisir

On doit choisir les conifères avec soin. Comme ils poussent lentement et qu'on ne peut les tailler aussi radicalement que les arbres et arbustes à feuilles caduques, à l'achat, leur forme doit s'avérer la plus parfaite possible. Examinez d'abord l'allure générale. Pour les variétés à croissance pyramidale (épinettes, pins, pruches, etc.), la forme conique doit sauter aux yeux. Un tronc tordu ou une asymétrie des branches constituent des défauts esthétiques qui auront tendance à persister, voire à s'accentuer. Les troncs fourchus sont également à rejeter. Pour atteindre la plénitude de sa beauté, un conifère doit n'avoir qu'une seule tête.

Examinez aussi la couleur des aiguilles: le sujet aux aiguilles beaucoup plus pâles ou d'un vert plus terne que les autres de son entourage souffre probablement d'une carence quelconque et vous devez le rejeter. Les nouvelles pousses au bout des branches commencent à gonfler à la mi-mai. Les sujets dépourvus de ces bourgeons (un peu collants au toucher) sont peut-être morts et ils perdront leurs aiguilles avec l'arrivée des premières grosses chaleurs. Les nouvelles pousses molles et pendantes signalent souvent que le conifère est sur le point de rendre l'âme. Les nouvelles pousses doivent toujours être fermes et bien droites. Enfin, assurez-vous que chaque plant est présenté dans un pot biodégradable ou

dans une bonne motte de terre envelop-
pée de jute.

COSMOS

Les cosmos sont des plantes de terre
pauvre. Ils fleuriront moins si vous leur
donnez trop d'engrais.

COULEURS

Certaines plantes potagères (tomates,
aubergines, etc.) dont les fruits ajoutent
de la couleur deviennent des plantes
décoratives au même titre que les géraniums et les pétunias.

Il importe, quand on planifie un jardin,
de respecter l'harmonie des couleurs.
Les fleurs apportent à votre environnement un élément de douceur qui vise à
ravir votre oeil. Il est en ce sens capital
de ne pas choquer ce dernier.

On peut mêler les couleurs selon les
principes de l'harmonie ou du contraste.

Le blanc sert à lier les couleurs d'une harmonie ou à adoucir les contrastes.

La couleur dominante devrait idéalement occuper 80 % de l'ensemble, et la couleur secondaire, 20 %.

On recommande d'utiliser une couleur secondaire plus foncée, mais de la même gamme, que la couleur dominante qu'elle veut faire ressortir.

Le blanc peut aussi servir de couleur secondaire.

COUVRE-SOLS

Certaines plantes sont appelées «couvre-sols» parce qu'elles rampent et forment une sorte de tapis. Elles remplacent à merveille le gazon là où ce dernier ne pousse pas bien.

DATE D'EXPIRATION

Quand vous achetez des graines de plantes, de légumes ou de fleurs en sachets, vérifiez toujours à l'endos de l'enveloppe et au bas, la date d'expiration.

Si la date est échue, les graines risquent de ne pas germer.

DATURAS

Les daturas sont de très belles plantes annuelles aux grosses fleurs en forme de cloches. Attention cependant: le datura est très toxique.

DAUPHINELLES
(Delphiniums)

Ces belles plantes vivaces, que l'on appelle aussi «pieds-d'alouette», produiront une deuxième floraison en septembre si vous prenez soin de couper les fleurs dès qu'elles se fanent, en juillet.

DÉCEMBRE

Évitez que les lumières décoratives que vous installez à l'extérieur ne touchent aux branches et aux aiguilles des conifères. Les parties chauffées par vos ampoules risquent de geler par la suite et d'endommager sérieusement vos conifères.

DÉCHAUMAGE

Au printemps, il faut nettoyer la pelouse en la déchaumant, c'est-à-dire en éliminant le chaume (les herbes séchées) qui s'y est accumulé. Pour ce faire, on utilise soit un râteau à déchaumer, soit une déchaumeuse que l'on peut louer.

DÉGÉNÉRESCENCE

Pour empêcher la dégénérescence de votre potager, ne cultivez jamais deux années de suite les mêmes légumes aux mêmes endroits. Plantez par exemple les tomates là où poussaient les carottes l'année dernière.

DÉPLANTOIR

Le déplantoir est en réalité une sorte de pelle miniature, indispensable pour planter ou déplanter les plants de fleurs, les bulbes et autres végétaux de petite taille.

La largeur de la pelle varie selon les modèles. Choisissez le modèle de largeur moyenne, tout usage. Attention aux «kits» bon marché, surtout si les manches sont faits de métal peint.

(Voir aussi **Outils**.)

DÉTERGENT

Quand vous pulvérisez des pesticides sur vos arbustes, ajoutez 5 ml (1 c. à thé) de détergent à vaisselle pour 5 litres (environ 5 pintes) de solution. Le détergent sert d'agent dispersif-adhésif, et rend la pulvérisation beaucoup plus efficace. Le détergent

à vaisselle n'endommage pas le feuillage.

DIERVILLÉE
(Weigelas)

Le diervillée est un arbuste précieux
car il fleurit plus d'une fois au cours de
l'été. La floraison principale survient au
début de juin, puis l'arbuste refleurit
encore au début d'août, et à la fin de
septembre.

DRAIN

Dans les endroits difficiles à drainer
ou quand la pente d'égouttement a été
mal faite, il est toujours possible d'installer un drain. Ce dernier doit avoir un
angle de dénivellation de 15 cm (6 po)
de hauteur par 30 m (100 pi) de terrain.
On doit l'installer au centre de la dépres-
sion à drainer et le diriger vers la rue ou
tout autre lieu d'évacuation des eaux.

Installation d'un drain

Pour installer le drain, creusez une tranchée d'environ 25 cm (10 po) de largeur sur 30 cm (12 po) de profondeur. Tapissez le fond d'une couche de gravier de 5 cm (2 po) d'épaisseur, puis faites-y reposer un tuyau de plastique de 8 cm (3 po) de diamètre.

Le tuyau de plastique doit être percé de trous sur le dessus. On peut acheter celui-ci troué d'avance, ou le perforer soi-même à l'aide d'une perceuse électrique.

Vérifiez l'angle de la pente en versant quelques litres d'eau dans le tuyau. Si l'eau parvient à la rue après quelques minutes, c'est que la pente est bonne. Scellez l'extrémité du tuyau au moyen d'un bouchon de liège pour que la terre ne s'y engouffre pas, puis recouvrez-le d'une autre couche de gravier de 13 cm (5 po) d'épaisseur.

Refermez ensuite la tranchée avec de la bonne terre à jardin, et posez la tourbe par-dessus.

Pour éliminer ces travaux, il aurait peut-être suffit de consulter les voisins. En effet, si les voisins se concertaient avant d'entreprendre des travaux de terrassement, on ne trouverait pas de pentes aboutissant dans la cour de l'autre, et les travaux de drainage, s'ils s'avéraient tout de même nécessaires, pourraient être réalisés conjointement.

EAU DE PLUIE

Des barils de bois placés aux quatre coins de la maison, sous la descente de la dalle, pourront s'avérer fort précieux en cas de restriction municipale de l'arrosage. De plus, l'eau de pluie est bien meilleure pour les plantes que celle du robinet.

ÉCLAIRAGE

Si vous comptez installer un système de lampes ou de lanternes pour éclairer votre jardin, choisissez de préférence un système d'éclairage de 12 volts. Ce type de système est plus doux à l'oeil que celui de 110 volts, il coûte moins cher d'opération, et surtout, il élimine le risque d'électrocution.

ÉGOUTTEMENT

Il est très important que votre terrain s'égoutte très bien. Les mares d'eau qui stagnent longtemps, en plus d'être désagréables, endommagent le gazon et les plantes. Faites installer un petit drain au besoin.

ÉMONDAGE

L'émondage vise à corriger les dommages naturels qui affectent les plantes, les arbres et les arbustes. Il facilite l'ensoleillement et répare les déséquilibres. Il améliore également la production des fleurs et des fruits.

On émonde les arbres à feuilles caduques à la fin de l'hiver, avant que le printemps ne s'installe.

On émonde les arbres florifères au début du printemps, avant que la croissance ne débute.

ENDIVES

On peut cultiver avec succès l'endive si recherchée pour les salades.

Pour ce faire, on procède suivant les étapes. On la sème en pleine terre vers la mi-juin. Le mode de culture est le même que celui de la laitue en feuilles. En octobre, déterrez les racines et coupez le feuillage à 5 cm (2 po) du collet (c'est-à-dire de l'endroit d'où partent les feuilles). Réduisez les racines à une longueur de 15 à 20 cm (de 6 à 8 po), en coupant les bouts effilés.

Il convient ensuite de procéder au forçage des plants. Utilisez des boîtes de bois de 40 cm (16 po) de hauteur environ. Emplissez le fond de 20 cm (8 po) de bon terreau humide, et enfoncez-y les racines côte à côte, de façon que le collet atteigne tout juste la surface du sol. Recouvrez ensuite les collets d'une couche de sable de 15 cm (6 po) d'épaisseur. Placez les boîtes dans une pièce ou une cave fraîche (de 10 °C à 15 °C [de 50 °F à 60° F]) et sombre. Maintenez le sable humide, mais non détrempé.

Bientôt, des pousses blanches vont se développer. Lorsqu'elles atteindront la surface du sable, généralement après trois ou quatre semaines, elles seront prêtes à la coupe et à la consommation.

ENGRAIS

N'utilisez pas trop d'engrais chimiques pour votre potager, car ils finissent par brûler le sol.

Les fumiers déshydratés et le compost sont des engrais naturels qui ont l'avantage d'améliorer la texture du sol.

(Voir aussi **Fertilisation, Azote, Phosphore** et **Potasse**.)

ENSOLEILLEMENT

Le potager, abrité du vent, doit bénéficier, quotidiennement, d'un minimum de huit heures de soleil.

Certains végétaux poussent bien au soleil; d'autres préfèrent l'ombre. Ne vous entêtez pas à planter dans un coin ombragé des végétaux qui ont besoin de soleil. Pour minimiser les risques d'échec, informez-vous des préférences de chaque plante avant d'en faire l'achat.

Encore une fois, consultez les catalogues des pépiniéristes: ils indiquent clairement le degré d'ensoleillement dont chaque spécimen a besoin pour bien se développer.

(Voir aussi **Jardin potager — La disposition des légumes.**)

ÉPANDEUR À ENGRAIS

Il existe deux types courants d'épandeurs: ceux à boîtier cylindrique munis d'une hélice en dessous, et ceux au boîtier rectangulaire, munis d'un barillet rotatif. Les premiers sont excellents, les seconds le sont moins.

(Voir aussi **Outils.**)

ÉPINETTE BLEUE DU COLORADO

Les épinettes bleues du Colorado deviendront plus bleues si vous leur ajoutez du sulfate d'aluminium. Aux mois de mai, juillet et septembre, arrosez-les d'une solution faite de 15 ml (1 c. à soupe) de sulfate dans 4 litres (environ 4 pintes) d'eau.

L'épinette bleue du Colorado atteint, à maturité, environ 5 m (16 pi) de largeur, parfois plus. On doit donc la planter à au moins 2,5 m (8 pi) du trottoir pour ne pas que les branches basses le recouvrent complètement dans vingt ans.

En mai, faites une première application préventive d'insecticide contre la tordeuse des bourgeons, et une seconde, en juillet. Les dommages causés par cette chenille restent visibles pendant des années, alors mieux vaut les prévenir.

FENÊTRES

Ne plantez pas d'arbustes du genre cèdres ou genévrier devant les fenêtres. Avec les années, ces arbustes prennent de l'ampleur et obstruent les fenêtres, privant ainsi la maison de lumière en hiver.

Pour que la terre n'éclabousse pas les fenêtres du sous-sol à chaque pluie, installez un lit de gravier de 10 cm (4 po) d'épaisseur et de 50 cm (20 po) de largeur devant chacune d'entre elles.

N'oubliez pas de placer un polythène noir sous le gravier pour empêcher les mauvaises herbes de passer au travers.

FERTILISATION

Les aliments nutritifs dont les végétaux ont besoin pour bien se développer peuvent s'obtenir sous forme d'engrais. Précisons tout de suite qu'il existe deux sortes d'engrais: les engrais organiques et les engrais inorganiques, ou chimiques.

Les engrais organiques proviennent de matières animales et végétales décomposées, comme le compost ou les fumiers. Ces éléments prennent un certain temps à se décomposer et agissent doucement et lentement. Ils présentent l'avantage d'améliorer la texture du sol.

Pour leur part, les engrais inorganiques sont faits de produits chimiques. Ils agissent rapidement, mais leur action est de courte durée. Ils n'améliorent pas la texture du sol.

Les deux types d'engrais ont cependant une chose en commun: ils contiennent chacun, en pourcentages plus ou moins équilibrés, les trois éléments fondamentaux suivants: l'azote, le phosphore et la potasse (voir chacun de ces mots).

Il existe sur le marché une foule d'engrais de toutes marques, tous meilleurs les uns que les autres, au dire des fabricants. Voici comment vous y retrouver.

Sur l'emballage, les sacs d'engrais affichent toujours trois chiffres indiquant les pourcentages respectifs d'azote, de phosphore et de potasse contenus dans le sac.

Les trois éléments se présentent toujours suivant le même ordre: azote, phosphore, potasse. Un engrais portant, par exemple, les chiffres 6-9-5 contient 6 % d'azote, 9 % de phosphore, et 5 % de potasse. Les 80 % restants se composent de matière inerte (poussière) qui sert de porteur aux éléments nutritifs. Ne vous laissez donc pas éblouir par la beauté de l'emballage ou par les promesses des fabricants qui vous vantent leurs tomates grosses comme ça avec leur engrais supérieur... Examinez plutôt quelques marques, puis choisissez celle qui, pour un poids et une concentration semblables, reste la moins chère.

Évitez les engrais très spécialisés (comme l'engrais spécial pour concombres) disponibles en petits formats, car ils coûtent beaucoup plus cher. Les engrais tout usage pour le jardin ou pour la pelouse font aussi bien l'affaire, et sont plus économiques.

Un engrais riche en phosphore et en potasse, appliqué à l'automne, aide grandement le gazon à traverser l'hiver sans heurts.

Un engrais soluble est un engrais que l'on présente généralement en poudre et que l'on dissout dans de l'eau. Ce type d'engrais est immédiatement assimilable par les plantes et s'applique facilement.

FÉVRIER

C'est le bon moment pour acheter les bulbes de bégonias tubéreux de caladiums et autres si vous souhaitez les commencer à l'intérieur. Attendez cependant à la fin de mars pour les cannas et les dahlias.

Pour égayer les jours encore sombres de l'hiver, pourquoi ne pas forcer quelques branches d'arbustes à fleurs? Pour ce faire, prélevez quelques branches d'environ 80 cm (32 po) de longueur sur vos arbustes extérieurs. Taillez la base des branches en biais et placez-les dans un pot d'eau tiède, enrichie d'une pincée de sucre. Elles fleuriront au bout de deux à trois semaines.

FILETS

Les filets tendus au-dessus des arbres fruitiers et des plants de légumes de votre jardin empêchent généralement les oiseaux de s'emparer des fruits et des pousses tendres de légumes qui vous tiennent à cœur.

FLEURS

Les fleurs, qu'elles soient vivaces, annuelles ou qu'elles proviennent de bulbes, ne doivent jamais être plantées en rangs d'oignons.

FLEURS COUPÉES

Le meilleur temps pour couper les roses survient lorsque les boutons floraux commencent à s'amollir.

Les chrysanthèmes durent plus longtemps quand on ajoute un peu de sucre à l'eau.

Pour empêcher les tulipes d'ouvrir trop rapidement, versez quelques gouttes de cire de chandelle dans le centre de la corolle.

Pour empêcher les tiges des fleurs de printemps comme les tulipes, les jonquilles et notamment les iris de s'amollir et de plier en deux sous le poids de la fleur, il suffit d'ajouter une pièce de monnaie d'un cent à l'eau du vase. Le cuivre qui se dégage de la pièce aide également à prolonger la vie des fleurs. Mais ce truc ne fonctionne qu'avec les fleurs qui proviennent d'un bulbe.

Coupez toujours en biseau les tiges des fleurs, et plongez le bout dans un peu de sel avant de les mettre à l'eau; elles dureront plus longtemps.

Écrasez au moyen d'un marteau la base des tiges des fleurs d'arbustes (lilas, par exemple, ou fleurs de pommiers).

Utilisez toujours un couteau bien tranchant pour couper les fleurs; les ciseaux écrasent les tiges et réduisent leur capacité d'absorber l'eau.

Pour conserver plus longuement les bouquets de feuilles d'automne, ajoutez 30 ml (2 c. à soupe) de glycérine dans 1 litre (environ 1 pinte) d'eau. Les tiges absorbent cette solution et ne se dessèchent pas. Vous trouverez la glycérine à la pharmacie.

Ne placez pas trop de fleurs dans le même vase: il faut que l'air puisse atteindre l'eau du pot pour garantir une bonne durée de floraison.

Pour empêcher la corruption de l'eau dans les vases à fleurs, il suffit d'ajouter un petit morceau de charbon de bois.

Enlevez toujours les feuilles à la base des tiges, car elles corrompent rapidement l'eau du vase, et raccourcissent ainsi la durée de la floraison.

Si vous avez coupé des fleurs fraîches, mais qu'elles ont ramolli, plongez-les au complet dans un bain d'eau chaude avant de les mettre à l'eau.

Les fruits et les légumes frais placés à proximité des fleurs coupées en réduisent considérablement la durée. Le gaz éthylène qui s'en dégage en est la cause.

Pour faire ouvrir rapidement les boutons de roses trop fermés, ajoutez une pincée de sucre dans l'eau du vase.

Un peu de détergent ou quelques gouttes d'eau de Javel dans l'eau du vase aident à durcir les tiges un peu molles de certaines fleurs.

On peut allonger les tiges trop courtes de certaines espèces de fleurs en les introduisant dans une paille à boire. Assurez-vous toutefois que le niveau de l'eau couvre la paille de façon que la base de la tige touche au liquide.

Pour faire tenir les longues tiges de certaines fleurs comme les glaïeuls dans leur vase, servez-vous d'un «casseau» de fraises (en plastique) tourné à l'envers comme pique-fleurs.

Une pincée d'acide borique dans l'eau du vase contenant des oeillets en prolongera beaucoup la durée.

On ne devrait jamais placer des oeillets et des roses dans un même contenant, car ceux-là ont tendance à abréger la durée de celles-ci.

FLORAISON

Pour être certain que votre jardin fleurira toujours du printemps à l'automne, regroupez-y les plantes vivaces selon la chronologie de leur floraison.

FONGICIDES

Ces pesticides visent à enrayer les maladies fongiques comme le mildiou, la fonte du semis, et la pourriture. On les applique dans la terre en semant les graines, ou en période de croissance sur les plants affectés.

Des applications préventives périodiques restent encore le meilleur moyen d'éviter les maladies.

Notez enfin que les maladies virales, souvent transmises par les insectes, et les maladies bactériennes ne peuvent pas être guéries par les fongicides.

(Voir aussi **Pesticides**.)

FORSYTHIA

Saviez-vous que le forsythia est, dans son habitat naturel, un arbuste de sous-bois?

Ce bel arbuste aux fleurs jaunes qui s'ouvrent très tôt au printemps se portera mieux si vous le plantez à l'ombre des grands arbres.

Évitez de le tailler en boule tout au cours de l'été, cela aurait pour effet de détruire la floraison de l'année suivante.

Si vous devez absolument tailler un forsythia pour le rajeunir, faites-le au cours des deux semaines qui suivent la floraison.

GAZON

Lorsque le temps est chaud et sec, ne tondez pas le gazon trop court. Un gazon maintenu à 8 cm (3 po) de hauteur résiste mieux aux périodes de sécheresse.

Ne tondez pas le gazon lorsqu'il est mouillé, car il risque alors de s'arracher par plaques.

Ne vous inquiétez pas outre mesure si votre gazon prend la couleur du blé mûr en période de sécheresse. Il reverdira très vite avec le retour des pluies.

Seuls les gazons nouvellement établis ont besoin d'être arrosés en période de sécheresse.

Tondez le gazon une dernière fois en octobre, à environ 6 cm (2 1/3 po) de hauteur. Un gazon laissé trop long pour l'hiver a tendance à développer des maladies.

Un engrais riche en phosphore et en potasse, appliqué à l'automne, aide grandement le gazon à traverser l'hiver sans heurts.

Ne vous obstinez pas à tenter de faire pousser du gazon dans un endroit ombragé. Utilisez plutôt un couvre-sol.

Lorsque vous semez du gazon sur une pente, recouvrez ensuite la terre de poches de jute que vous fixez au sol au moyen de bâtonnets. Le jute empêchera la semence d'être lavée par les fortes pluies. Enlevez le jute lorsque les brins de gazon passent au travers.

GÉRANIUMS

Une bonne méthode pour conserver les géraniums consiste à les arracher en octobre, à les enrouler dans du papier journal et puis à les suspendre tête en bas dans une cave froide (de 5 °C à 10 °C [de 40 °F à 50 °F]) jusqu'en février. Enlevez alors toutes les parties séchées (feuillage et tiges), rempotez les plants, et placez-les près d'une fenêtre ensoleillée.

N'ajoutez pas trop d'engrais aux géraniums, car les feuilles se développeraient au détriment des fleurs.

GLAÏEULS

Ne plantez pas vos glaïeuls tous en même temps: vous en prolongerez la floraison. Faites plutôt trois plantations à deux semaines d'intervalle, à compter du 15 mai.

Pour obtenir une floraison hâtive, commencez les bulbes à l'intérieur, vers la mi-avril, en les plantant dans des pots de tourbe. Replantez-les en pleine terre au début de juin. Ils fleuriront vers la mi-juillet.

Entrez vos bulbes après quelques petites gelées, à la fin de septembre. Enlevez les feuilles, et faites-les sécher au grand air avant de les remiser pour l'hiver.

Il est recommandé de saupoudrer un peu d'insecticide sur vos bulbes avant de les remiser pour les prémunir contre les thrips.

Vos glaïeuls auront meilleure apparence si, au lieu de les planter en rangées, vous les plantez par groupes de plusieurs bulbes.

GOURMANDS

Les gourmands des rosiers sont des pousses vigoureuses, aux feuilles plus pâles et plus petites. Il faut les enlever dès leur apparition pour éviter que le rosier ne redevienne sauvage.

En général, on peut donc dire que les gourmands sont des pousses de tiges que l'on retrouve à l'intersection des feuilles et de la tige principale.

Il importe de les supprimer pour donner plus de vigueur à vos plants de légumes, les tomates par exemple.

(Voir aussi **Rosiers** et **Tomates**.)

HAIE

Durant l'été, on doit surveiller la présence d'insectes et traiter sans délai toute infestation.

Les haies de chèvrefeuille devront être régulièrement aspergées d'insecticide dès le début de la saison. Certains insectes transportent et injectent comme «par mégarde» des maladies au chèvrefeuille en piquant ses feuilles.

En taillant votre haie, rappelez-vous que la base doit toujours être plus large que la cime. Cette coupe pyramidale vous procurera une haie dense jusqu'au sol.

Si vous avez du mal à tailler votre haie «de niveau», tendez, à la hauteur désirée, une corde que vous fixerez à deux tuteurs placés aux extrémités.

Une haie d'environ 2 m (6 1/2 pi) de hauteur à maturité occupera à ce moment-là un espace d'environ 1,5 m (5 pi) de largeur. Il faut en tenir compte lorsque l'on plante une haie.

Si la haie et certains arbustes longent le trottoir municipal, protégez-les avec une clôture à neige pour l'hiver.

La haie met trois ans à s'établir et cinq ans à atteindre la maturité.

HAUTEUR

La hauteur maximale de chaque plante, arbre ou arbuste revêt une importance capitale. Informez-vous toujours des proportions «à l'âge adulte» des plants que vous achetez. En effet, rien n'est plus désolant que de planter des éléments trop gros pour l'endroit choisi.

HERBE À PUCE

(Voir **Impatientes du Cap**.)

HERBES AROMATIQUES

Les Québécois commencent enfin à découvrir les herbes aromatiques. L'estragon, le thym, la sarriette, etc., entreprennent l'invasion de nos jardins. De culture facile, ces herbes apportent au jardinier amateur une satisfaction tant visuelle que gustative.

Les herbes aromatiques se divisent en deux catégories: les annuelles et les vivaces. On peut les acheter en graines ou en plants prêts à la plantation, comme les fleurs. On les choisit de la même façon que ces dernières: en donnant priorité aux plants trapus et d'un beau vert.

HERBICIDES

Ils servent à détruire les mauvaises herbes et toute autre végétation indésirable.

On pourrait dire qu'il n'existe pas de mauvaises herbes; une plante ne devient mauvaise herbe que lorsqu'elle pousse là où l'on ne souhaite pas sa présence.

Certains sont sélectifs, ce qui signifie qu'ils peuvent anéantir n'importe quelle végétation. On les utilise surtout pour les patios et les allées où l'on souhaite éliminer les mauvaises herbes et le gazon qui tentent de s'installer entre les dalles ou les pavés.

Il faut veiller à ne pas asperger les arbustes et les plantes au moment de l'application de l'herbicide.

On peut utiliser les herbicides avant de faire les semis du potager. Il faut toutefois attendre au moins dix jours avant de semer des légumes ou des fleurs dans une terre traitée à l'herbicide.

Retardez le moment de l'application lors des journées de vents violents. Le moment idéal pour procéder à une application d'herbicide est encore une journée chaude et ensoleillée. Par beau temps, en effet, les racines assoiffées des herbes à éliminer absorbent le produit plus rapidement.

(Voir aussi **Pesticides**.)

HOUX

Si vous voulez que votre plant de houx produise des baies rouges pour Noël, il faut deux plants l'un à côté de l'autre, un mâle et une femelle.

IMPATIENTES DU CAP

Ces belles plantes indigènes se cultivent très bien dans nos jardins. Ce sont des annuelles qui se ressèment d'elles-mêmes à l'automne.

Le jus qu'on en tire en broyant les feuilles et les tiges de cette plante constitue un remède efficace contre l'herbe à puce. Il suffit de frotter les régions du corps avec ce jus pour stopper, puis faire régresser l'inflammation cutanée.

INSECTES

On trouve généralement les insectes au sommet des tiges, sous les feuilles, et à la jonction des feuilles et des tiges.

INSECTICIDES

Le nom l'indique: ils servent à tuer les insectes.

Il en existe deux types différents: les insecticides botaniques dérivés de certaines plantes — comme la roténone, le pyrèthre et le thuricide —, qui éliminent les insectes et ne présentent aucun danger pour les animaux et les humains (par contre, ils ne détruisent pas toutes les variétés d'insectes); et les insecticides chimiques, à base de produits chimiques qui risquent d'intoxiquer autant les animaux que les êtres humains. Il faut donc les utiliser avec prudence.

Certains insecticides, appelés systémiques, pénètrent dans la plante et se mêlent à la sève. Il faut donc attendre au moins dix jours avant de consommer des légumes traités avec ces substances.

Pour tous les autres insecticides, il suffit d'une bonne douche à l'eau fraîche pour éliminer les résidus sur les feuilles et les fruits.

Il vaut mieux utiliser les insecticides dès le début du printemps, à titre préventif. La tordeuse des bourgeons de l'épinette, par exemple, peut occasionner des dommages irréparables quand elle n'est pas supprimée à temps.

Le choix qui s'offre à nous dans le domaine des insecticides est bon. Lisez les étiquettes. Si le nom de la «bibitte» que vous tentez de détruire n'y figure pas, vous risquez de faire un achat inutile.

(Voir aussi **Pesticides**.)

JANVIER

Attention aux épandages de sel sur les trottoirs et les entrées de garage. Le sel est toxique pour la plupart des plantes, le gazon et les arbustes. Utilisez plutôt les nouveaux produits non toxiques que l'on trouve maintenant un peu partout.

À ce propos, ne jetez pas les cendres de votre foyer. Elles remplacent à merveille le sel pour empêcher de glisser sur les trottoirs. De plus, la cendre est biodégradable et riche en potasse, un des éléments nutritifs essentiels aux arbustes.

Réservez dès janvier vos semences de fleurs et de légumes, pendant que le choix est très grand.

Attention aux annonces dans les journaux vantant les mérites de plantes et de légumes fantastiques que l'on vous envoie par la poste. Ces produits non reconnus s'avèrent le plus souvent bien inférieurs à leurs prétentions.

Éliminez la neige qui s'accumule sur vos conifères: les branches pourraient casser et elles ne se remplacent que difficilement.

JARDIN EXOTIQUE

Dans la partie sud du Québec du moins, il est possible de planter certains arbres, arbustes et plantes d'apparence tropicale ou semi-tropicale.

Parmi celles-ci, citons les magnolias, les hibiscus à feuilles caduques, et le bambou canadien.

JARDIN POTAGER

Le choix des légumes

S'il s'agit de votre premier jardin, il est préférable de vous limiter à des légumes faciles à cultiver. Il serait en effet fastidieux de vous risquer dans des cultures complexes susceptibles de ne vous attirer que des ennuis et des échecs décevants.

Pour le nouveau jardinier, les légumes conseillés sont les suivants: tomates, concombres, haricots (fèves), laitue, poivrons, carottes, radis, ainsi que la ciboulette. Tous ces plants peuvent être commencés à partir de graines. Vous trouverez celles-ci chez le pépiniériste, le grainetier, certaines quincailleries, généralement à compter du mois de février.

Quant aux tomates et aux poivrons, le débutant trouvera préférable de les acheter en plants à la fin de mai ou au début de juin. En fait, ces légumes doivent être semés à l'intérieur en mars-avril, car notre saison estivale dure trop peu au Québec pour que nous puissions les cultiver avec succès en semant les graines directement en pleine terre.

La planification du jardin

Le jardin dont la forme est, semble-t-il, la plus facile d'entretien, reste le potager rectangulaire.

Prenons pour modèle un jardin mesurant 8 m^2 (86 pi^2) pour une famille de quatre personnes. Le potager devrait épouser la forme d'un rectangle de 2 m (6 1/2 pi) de largeur et de 4 m (13 pi) de longueur. Cette forme allongée vous permet d'atteindre les plants du centre sans avoir à marcher dans votre jardin. En effet, si vous n'avez pas l'habitude de manipuler les plants et que vous deviez vous rendre au centre de votre jardin, vous craindrez de mettre le pied là où il ne faut pas.

Si vous désirez un jardin plus grand, vous n'avez qu'à tracer un autre rectangle de mêmes dimensions, tout en laissant entre les deux un espace de 1 m (3 1/4 pi). Cette aire vous servira d'allée pour circuler.

La disposition des rangs

La meilleure façon de disposer les plants consiste à les aligner en rangs légèrement surélevés dans le sens de la largeur du rectangle.

Si votre terrain est en pente, alignez les rangs dans le sens contraire de la pente. Ainsi, chaque rang servira de digue miniature et préviendra l'érosion du sol après chaque pluie ou arrosage.

La disposition des légumes

Les différents plants de légumes n'atteignent pas tous les mêmes dimensions. Comme ils ont par contre tous besoin d'ensoleillement pour bien se développer, il faut par exemple que les gros plants de tomates ne cachent pas les petits plants de radis. Donc, autant que possible, veiller à orienter le jardin nord-sud en disposant les rangs transversalement à cet axe. Dans la partie nord, vous placerez les plants de concombres et de tomates, puis, en allant vers le sud, les plants de haricots, de poivrons, de laitue, etc., de façon à obtenir une dégradation allant du plus grand au plus petit. Chaque rang pourra de la sorte bénéficier du maximum d'ensoleillement.

JUILLET

C'est le moment de procéder à une seconde application d'engrais pour les fleurs, les arbustes et le potager.

Il est encore possible de planter des arbustes en juillet. Il suffit de les acheter dans des pots biodégradables que vous enfouissez dans le sol.

Comme les pépinières sont à peu près désertes à cette époque, vous pouvez profiter de certains rabais et d'un meilleur service. Une visite en vaut la peine.

Faites une seconde application de sulfate d'aluminium aux azalées, aux épinettes bleues du Colorado et aux hydrangées bleues.

Si vous avez pensé à semer des immortelles pour vos bouquets secs d'hiver, il faut couper les tiges lorsque le bouton floral commence à s'ouvrir. Coupez les tiges le plus long possible, enlevez les feuilles et attachez-les en paquets de dix. Suspendez les paquets la tête en bas dans un endroit sombre et sec. Les fleurs s'ouvriront toutes seules dans à peu près deux semaines.

JUIN

Une seconde fois, il faut badigeonner le tronc de vos bouleaux avec l'insecticide à base de cygon. Ils resteront alors bien verts tout l'été.

Semez dès le début du mois les graines de fleurs vivaces. Les plants s'établiront cette année et fleuriront à compter de l'été prochain.

N'arrachez pas les feuilles des bulbes printaniers (tulipes, jonquilles, etc.) avant qu'elles ne soient complètement brunies. Les bulbes ont besoin de leur feuillage pour se régénérer en vue de la saison prochaine.

Plantez vos fleurs annuelles entre les tulipes pour masquer le feuillage jaunissant, peu esthétique.

Taillez les haies de cèdre en prenant bien soin de respecter la méthode de coupe pour conifères.

On doit éviter de planter des fleurs annuelles entre les plants de vivaces dans le but d'avoir de la couleur tout de suite. Les annuelles, dont la croissance est plus rapide que les vivaces, étoufferaient ou du moins ralentiraient dangereusement le développement de ces dernières.

Ceux qui tiennent absolument à obtenir des fleurs dès le premier été ne doivent planter que des annuelles.

La meilleure façon de masquer les feuilles jaunies des plantes à bulbe consiste à planter par-dessus les bulbes, à l'automne ou très tôt au printemps, des fleurs vivaces à racines peu profondes.

Lorsque survient la première journée bien chaude et ensoleillée, appliquez un herbicide sur la pelouse pour détruire les mauvaises herbes, et faites une seconde application d'engrais.

KALMIA

Ce très joli arbuste à feuilles persistantes a fait son apparition dans nos pépinières. Les feuilles toutefois sont violemment toxiques. À éviter si vous avez de jeunes enfants.

KETMIE
(Hibiscus)

Pour donner un petit air tropical à votre jardin, plantez-y un ketmie de la variété «Southern Belle». Cet arbuste rustique produit des fleurs de la grosseur d'une soucoupe en août et septembre.

KOCHIA

Laissez vos kochias en place à l'automne: ils se ressèmeront d'eux-mêmes, vous évitant ainsi d'avoir à en racheter d'autres le printemps suivant.

LAITUE

Semez la laitue en feuilles tôt au printemps, car elle aime le temps frais.

Évitez de semer de la laitue entre le 1er juillet et le 15 août, car les grandes chaleurs ont tendance à la faire monter en graine.

On peut procéder à un dernier semis de laitue à la fin d'août pour obtenir une récolte à la fin de septembre.

LILAS

Les lilas aiment les sols légers et surtout secs. Ils refusent tout simplement de pousser là où le sol est constamment humide.

LIMACES

Les limaces sont des bestioles répugnantes et nuisibles. Pour s'en débarrasser, remplissez des soucoupes de bière. Irrésistiblement attirées par ce nectar, les limaces iront s'y noyer pendant la nuit.

LIMITES ET BORNES

En réalisant votre aménagement paysager, faites attention de ne pas enterrer les bornes qui délimitent votre terrain.

Ne plantez pas d'arbustes à la limite de votre terrain. Laissez au moins 50 cm (20 po) entre vos plantations et la limite de votre domaine; cette précaution vous évitera des querelles inutiles avec vos voisins lorsque vos arbustes auront grossi.

LUMIÈRE

La lumière est indispensable à la plante: elle lui permet de transformer l'eau et les matières nutritives en énergie. C'est cette énergie qui donne aux plantes la capacité de croître.

Lorsque les plantes manquent de lumière, les feuilles se racornissent, c'est-à-dire qu'elles se font plus petites que la normale, la tige s'étire singuliè-rement, et la plante prend une teinte d'un vert plus pâle.

Quand les plantes ont trop de lumière, les feuilles supérieures exhibent des tra-ces de brûlure.

Si vous devez changer une plante de place, procédez graduellement: les plantes en effet n'aiment pas les chan-gements brusques.

LUMIÈRE ARTIFICIELLE

Tout le monde ne dispose pas d'une belle grande fenêtre ensoleillée pour faire des semis. L'éclairage artificiel per-met de compléter ou de remplacer un éclairage naturel déficient ou inexistant (comme dans le sous-sol).

Les plants de légumes, entre autres, s'accommodent fort bien de l'éclairage artificiel.

Pour être vraiment efficace, la lumière d'appoint doit provenir de tubes fluorescents (néons). En effet, la luminosité que dégagent les ampoules ordinaires incandescentes ne convient pas à la culture des plantes.

Ceux qui cultivent de petites quantités de plantes trouveront dans les centres de jardinage des jardinières munies de tubes fluorescents et de réflecteurs.

Si vous songez toutefois à commencer vos plants sur une plus grande échelle, il devient beaucoup moins coûteux de fabriquer vous-même votre installation.

Pour ce faire, vous n'avez qu'à placer vos semis sur des tables au-dessus desquelles seront fixés les tubes fluorescents.

On doit placer les tubes à environ 10 à 15 cm (4 à 6 po) au-dessus de la tête des plants. Certains tubes à haut rendement doivent être installés plus haut. Suivez les directives du fabricant à cet effet. Comme les plants sont appelés à grandir, il vous faudra prévoir un système permettant de hausser les tubes à mesure que les plants croissent. Des chaînes fixées au plafond, des cordes avec poulies ou des tiges de métal apposées à la table constituent encore les systèmes les plus faciles à réaliser.

MAI

À l'aide de votre plan, corrigez les erreurs de disposition des années précédentes: les plantes trop hautes qui en cachent de plus petites, ou encore celles dont l'environnement est mal choisi.

Lorsqu'il fait au moins 15 °C (60 °F) le jour, et pas moins de 6 °C (43 °F) la nuit, placez vos semis d'annuelles ou de légumes à l'extérieur (à l'abri du vent) pour les endurcir. Rentrez-les vite cependant si la météo annonce du temps froid.

Ne plantez jamais vos annuelles avant la dernière semaine de mai, car une gelée tardive pourrait les détruire.

S'il survenait une gelée malgré tout après la plantation de vos annuelles ou de vos légumes tendres, recouvrez-les de papier journal à la tombée du jour. Retirez le papier tôt le matin suivant.

N'appliquez pas de pesticides sur les pommiers en fleurs. Faites-le plutôt juste avant ou juste après la floraison.

Faites une application de sulfate d'aluminium aux azalées, aux épinettes bleues du Colorado et aux hydrangées bleues, dès que les bourgeons se mettent à gonfler.

MAÏS

Ne semez pas le maïs sur un seul rang, de peur de n'obtenir que des épis à moitié dépourvus de grains. Semez les plants sur au moins quatre rangs côte à côte pour garantir une pollinisation complète.

MALADIES

Dans une certaine mesure, il est possible de prévenir l'apparition des maladies en respectant quelques règles.

N'achetez que des semences ou des plants de toute première qualité, portant la mention «résistance aux maladies». Les plants achetés à bon marché sont souvent de qualité inférieure et sujets aux maladies.

Enlevez les mauvaises herbes autour des plantes et des légumes, dès leur apparition. En effet, les mauvaises herbes sont souvent porteuses de maladies et d'insectes.

Nettoyez fréquemment vos outils. Les outils rouillés ou mal entretenus peuvent transmettre certaines maladies.

Éliminez les insectes dès leur apparition. Ils constituent l'un des principaux facteurs de transmission de maladies.

N'humectez pas trop le feuillage des plantes, surtout le soir, et ne manipulez pas les plantes lorsqu'elles sont mouillées.

Pratiquez une rotation des cultures.

Une application préventive d'insecticide-fongicide au printemps, dans le sol, éliminera bon nombre de maladies et d'insectes.

MANTE RELIGIEUSE

La mante religieuse, malgré son aspect assez rebutant, est un insecte utile. Elle dévore les insectes: pucerons, punaises, hannetons, guêpes, scarabées, mouches et chenilles.

MARIGOLDS

Plantez un rang de marigolds dans votre jardin potager pour éloigner les insectes.

MARS

Commencez à planifier votre jardin et profitez de ce temps mort pour acheter les outils dont vous pourriez avoir besoin.

Les grands vents desséchants du mois de mars causent des brûlures parfois irréparables aux arbustes à feuilles persistantes et aux rosiers mal protégés. Lorsque la neige fond, assurez-vous qu'ils sont encore recouverts de feuilles mortes. Sinon, couvrez-les temporairement avec du jute.

Ne succombez pas à la tentation de découvrir dès maintenant vos conifères.

Il reste encore de la neige et du froid à venir.

MÉLANGES DE SEMENCES À GAZON

Les mélanges de semences à gazon offerts sur le marché sont ordinairement fiables. Composés d'une variété de graminées adaptées à notre climat, ces mélanges tout préparés peuvent être utilisés en toute confiance.

Les variétés pour endroits ombragés sont également recommandables pour autant que les endroits ombragés auxquels vous songez ne se trouvent pas tout à fait à l'ombre, car les plants de gazon ont besoin d'au moins deux heures de soleil par jour.

MELONS

Il est bon de placer une petite planche sous les melons pour les empêcher de reposer directement sur le sol. Vous éviterez ainsi les attaques de plusieurs insectes.

MENTHE

Si vous cultivez de la menthe, il faut le faire dans un endroit retiré du jardin. Cette plante est en effet l'une des plus envahissantes.

Comme l'ail, la menthe éloigne les pucerons de vos légumes; elle chasse aussi l'asticot du chou.

MOSAÏQUE DU TABAC

La mosaïque du tabac est une maladie mortelle qui affecte parfois les tomates, les poivrons, les aubergines et autres plantes.

Les doigts des fumeurs constituent le principal véhicule de transmission. Aussi, si vous fumez, lavez-vous les mains avant d'aller travailler au jardin.

MOUTARDE

La moutarde sèche, à raison de 5 ml (1 c. à thé) dans 4 litres (environ 4 pintes) d'eau, constitue un excellent produit répulsif contre les vers nuisibles dans le sol.

NOMENCLATURE

Chaque plante porte un nom latin qui permet de l'identifier, peu importe la langue maternelle de la personne qui souhaite en faire l'acquisition ou qui recherche des informations à son sujet.

Le premier terme indique l'espèce, le second, la variété, le troisième, la couleur. Suivent parfois des particularités propres à la plante.

NOUVELLE PELOUSE

Doit-on semer du gazon ou poser de la tourbe? Les deux méthodes se valent.

La pelouse instantanée (tourbe) présente l'avantage de donner tout de suite un gazon permanent de bonne qualité, mais elle coûte plus cher.

Le gazon qui s'établit à partir de graines coûte beaucoup moins cher, mais il prend plus de temps à s'installer. Un gazon semé tôt au printemps restera en effet délicat tout au long du premier été.

Il lui faudra environ trois ans pour atteindre sa pleine maturité.

La tourbe convient mieux aux petits espaces fréquemment piétinés, tandis que la semence sied mieux aux grandes surfaces à cause de son coût relativement bas.

Les plants de gazon ont tous besoin d'au moins deux heures de soleil par jour pour survivre; il ne pousse pas de gazon en forêt.

La tourbe présentée sur le marché est en général de bonne qualité. Examinez cependant les rouleaux que vous achetez. Ils doivent être légèrement humides et bien verts. Déroulez-en un pour voir s'il ne contient pas de mauvaises herbes, signe de mauvaise qualité.

Quand on vient poser la tourbe chez vous, assurez-vous que les rouleaux ne sont pas desséchés avant d'en autoriser la plantation.

NOVEMBRE

Attendez que le sol soit bien gelé avant d'installer les protections d'hiver sur vos rosiers.

N'utilisez pas de matières plastiques comme protections hivernales. Leur effet de serre risque d'endommager gravement les arbustes et les plantes.

Nettoyez toujours vos outils avant de les ranger pour l'hiver. Frottez-les avec un peu d'huile pour les empêcher de rouiller.

Rabattez les tiges de vos rosiers à environ 25 cm (10 po) de hauteur.

NOYER

Ne plantez jamais de noyer près de vos rosiers. Cet arbre dégage en fait une substance toxique qui les ferait mourir.

OCTOBRE

Après une ou deux gelées, entrez vos plants d'azalées dans la maison. Placez-les près d'une fenêtre orientée vers le soleil dans une pièce un peu fraîche, si possible. Ils fleuriront pour Noël.

Attendez toujours que le feuillage des arbustes jaunisse avant de les transplanter.

Nettoyez et rangez pour l'hiver la tondeuse à gazon et tous les autres outils qui ne vous serviront plus. N'oubliez pas de rendre ceux que vous aviez empruntés à votre voisin.

OIGNONS

Plantés près des roses et des pivoines, les oignons empêchent l'escarbot doré de sévir.

OISEAUX

Pour éloigner les oiseaux de vos semis de fleurs ou de légumes, tendez des ficelles noires entrecroisées par dessus les plantes, à environ 5 cm (2 po) du sol.

Les arbres et arbustes procurent aux oiseaux des postes de chant, des sources d'alimentation et des sites de nidification.

Les oiseaux débarrassent également nos jardins, nos plantes, nos arbres et arbustes de nombre d'insectes nuisibles.

Les Chardonnerets, entre autres, éliminent les désagréables graines de chardon dont ils raffolent et ils utilisent certaines parties de la plante pour construire leur nid.

Les Merles d'Amérique déterrent quant à eux les vers du jardin, de la pelouse et des plates-bandes et permettent ainsi une bonne aération du sol.

Quant aux Hirondelles, elles suppriment plusieurs centaines de milliers d'insectes volants par jour et ce, en plein vol!

En été, quand on bêche régulièrement autour du tronc des arbres, on
découvre les chrysalides de la chenille
que les oiseaux s'empressent de dévo-
rer, réprimant ainsi leur infestation.

OMBRE

L'excès d'ombre est un problème
auquel bien des gens doivent faire face.
Pourtant bien des plantes et des arbustes croissent à l'ombre.

On peut aménager un jardin ombragé
avec presque autant de couleurs qu'un
jardin ensoleillé. Il suffit de choisir des
variétés bien adaptées. Renseignez-
vous à ce sujet lors de votre prochaine
visite au centre de jardinage.

ORANGE

Une demi-orange, posée à plat sur la
terre du jardin, attire les chenilles et les
limaces. Au matin, il ne reste plus qu'à
ramasser le fruit et le jeter à la poubelle.

OSEILLE

L'oseille est une herbe fine qui gagne à être connue. Les feuilles de cette plante vivace peuvent se manger en salade, et elles forment la base de la fameuse soupe à l'oseille.

Semez l'oseille en pleine terre au mois de mai.

OUTILS

Quand on décide de se lancer dans le jardinage, la première chose à faire consiste à se procurer de bons outils. Pas besoin d'en avoir vingt-cinq pour commencer: trois ou quatre suffisent.

La chose la plus importante à considérer quand on veut se procurer des outils reste la qualité. Les premiers outils constituent en quelque sorte la base du jardinage. Il importe donc qu'ils soient solides et durables.

On trouve sur le marché une foule d'outils de formes et de qualité variables. C'est dans ce domaine que l'on trouve les inventions les plus bizarres. Recherchez toujours la simplicité.

Les outils en métal peints sont bon marché, mais ils rouillent rapidement, sans compter qu'on doit les remplacer à plus ou moins brève échéance. Par contre, les outils d'acier inoxydable munis d'un manche de bois ou de plastique durent des années, pourvu que vous en preniez le moindrement soin.

Évitez enfin les outils à usages multiples. Les modes passent vite, et vous risquez de vous retrouver avec des outils plus encombrants qu'utiles.

Nettoyez fréquemment vos outils. Les instruments rouillés ou mal entretenus peuvent transmettre certaines maladies.

(Voir aussi les mots **Pelle, Râteau, Déplantoir, Épandeur à engrais, Sarcloir, Sécateur manuel, Cisailles, Boyau d'arrosage** et **Tondeuse à gazon**.)

PANAIS

Contrairement aux autres légumes racines comme la carotte ou le radis, on ne doit pas arracher le panais lors de la cueillette, mais plutôt le déplanter à l'aide d'une pelle. Les racines du panais sont en fait si longues qu'elles casseront à coup sûr si vous tentez de les arracher.

Comme le poireau, le panais peut facilement hiverner dans le champ. Effectuez une première récolte en octobre et une seconde en avril, avant le départ de la végétation.

PAPIER JOURNAL

Vous pouvez utiliser du papier journal pour recouvrir vos plantes annuelles et vos légumes tendres quand la météo prévoit une gelée nocturne. Retirez le papier le lendemain matin.

PATIO

Pour que le gel ne soulève pas les dalles de votre patio, vous devez l'asseoir sur un lit de sable et de poussière de roche d'au moins 60 cm (24 po) d'épaisseur. Il faut donc creuser la terre et s'en débarrasser.

PELLE

C'est l'outil universel, celui dont on se sert le plus souvent. Une bonne pelle ronde avec un manche à poignée constitue le meilleur choix pour un débutant.

Les autres pelles, comme la pelle à long manche ou la pelle carrée, ont des usages plus restreints et sont moins pratiques pour le débutant.

(Voir aussi **Outils**.)

PELOUSE

N'utilisez pas un rouleau trop lourd pour rouler la pelouse. Vous tasseriez trop le sol sous les racines et l'oxygé-nation s'en trouverait diminuée.

PENTE

Lors de la réalisation de votre amé-nagement paysager, imprimez toujours une légère pente à votre terrain pour favoriser le drainage.

De préférence, vous devriez orienter cette pente vers le sud. Ainsi, le terrain s'asséchera plus vite au printemps.

PERCE-OREILLES

On les appelle aussi forficules.

Pour attirer et détruire les perce-oreilles, il suffit de placer le soir une plan-che de bois sur la terre, entre les fleurs ou les légumes. Les perce-oreilles iront s'y réfugier pendant la nuit. Au matin, soulevez la planche et vaporisez-la promptement d'insecticide de contact.

Vous pouvez aussi vous servir d'un carton ondulé que vous disposez de la même manière. Au matin, les bestioles auront trouvé asile dans les rainures du carton que vous n'aurez plus qu'à jeter à la poubelle.

PESTICIDES

Le terme «pesticide» englobe les insecticides (contre les insectes), les herbicides (contre les mauvaises herbes) et les fongicides (contre les maladies).

Il vaut mieux procéder à des pulvérisations préventives à intervalles réguliers, plutôt que d'attendre les premiers symptômes d'une infestation.

Les pesticides à base de produits naturels sont très efficaces; ils ont surtout l'avantage d'être non toxiques.

Attendez toujours deux semaines avant de consommer des légumes ou des fruits que vous avez traités avec des pesticides chimiques.

Lisez bien l'étiquette du fabricant, car il existe des pesticides susceptibles d'endommager le feuillage de certaines plantes ou arbustes. Suivez en tout temps les directives du fabricant et ne dépassez pas la dose recommandée.

Si vous disposez d'un tout petit jardin, les pesticides en poudre soufflable feront parfaitement l'affaire.

Pour un plus grand jardin, les liquides, les poudres mouillables et les émulsions restent les meilleurs car ils reviennent moins cher à l'usage.

Les bombes aérosol sont à déconseiller, car elles coûtent cher à l'usage et présentent des risques d'explosion sans compter le fait qu'elles nuisent à l'environnement.

Les produits qui contiennent à la fois un insecticide et un fongicide sont parfaitement recommandables et vous simplifient la tâche.

Il vaut toujours mieux appliquer les pesticides tôt le matin ou en début de soirée. Ne vous en servez pas en plein soleil ou pendant les fortes chaleurs.

Certains fabricants recommandent aussi de ne pas vaporiser lorsque la météo annonce de la pluie.

(Voir aussi **Herbicides, Fongicides** et **Insecticides**.)

PEUPLIER

Parce que ses racines cherchent l'eau et peuvent causer bien des dégâts, il faut planter le peuplier à au moins 8 m (26 pi) du solage de la maison ou de la piscine creusée.

Malgré l'avantage que présente sa croissance rapide, le peuplier, à l'instar du saule, n'a qu'une durée de vie d'environ 30 ans. Il vaut donc mieux l'éviter.

PHOSPHORE

Le phosphore contenu dans les engrais favorise le développement du système radiculaire, et stimule la floraison et la fructification.

C'est le deuxième élément qui apparaît dans la liste de trois chiffres imprimée sur les emballages d'engrais.

(Voir aussi **Fertilisation** et **Engrais**.)

PIEDS-D'ALOUETTE

Voir **Dauphinelles**.

PINCER

Voilà un terme que l'on entend régulièrement. En fait, le mot «pincer» signifie enlever le bourgeon terminal (au sommet de la tige) à l'aide du pouce et de l'index. Cette opération permet au plant de développer des branches latérales et stimule le renforcement de la tige.

PINS

Pour que vos pins, en particulier vos pins mughos, deviennent plus compacts, coupez les nouvelles pousses en deux au début de l'été.

Le moment propice à cette opération survient lorsque les écailles qui recouvrent les nouvelles pousses en forme de chandelles commencent à se détacher.

PISCINES

Attention à certains arbustes à petites feuilles près des piscines. Les saules arctiques, les oliviers de Bohême et les ormes chinois perdent continuellement des feuilles durant l'été. Une fois dans l'eau, ces petites feuilles ont tendance à boucher le filtreur.

Certains arbustes florifères, comme les spirées, les viornes et les pruniers décoratifs, produisent aussi le même effet lorsque les fleurs tombent.

Évitez de planter un saule ou un peuplier à moins de 8 m (26 pi) de la piscine, parce que les racines de ces espèces peuvent causer des dégâts sérieux.

PIVOINES

Comme les lilas, les pivoines aiment les sols légers et secs. Elles refusent de pousser en terre humide.

PLAN

Rien ne vaut un bon plan d'aménagement paysager. Il vaut vraiment la peine d'en faire tracer un par un paysagiste compétent. Celui-ci tiendra compte de vos goûts, de votre budget, et de la faisabilité de l'ensemble.

Un plan directeur bien conçu, dont la réalisation peut s'échelonner sur plusieurs années, vous évitera des erreurs parfois coûteuses.

Le jardin que vous allez créer est permanent. Vouloir tout faire d'un seul coup, à la hâte, risque, au bout de quelques années, d'entraîner des imprévus regrettables.

Planifier veut aussi dire calculer les coûts d'installation. Consultez les catalogues des pépiniéristes et établissez le coût approximatif de tous les arbres, arbustes, plantes et fleurs que vous songez à planter. Le gazon, la terre et les outils dont vous aurez besoin doivent aussi faire l'objet d'une évaluation judicieuse. Enfin, n'oubliez pas les dalles du patio et le coût des travaux.

Observez de façon précise où se lève et où se couche le soleil avant de planter des arbres: vous éviterez ainsi de vous retrouver dans quelques années avec des zones d'ombre perpétuelle où votre belle végétation ne pousse plus.

PLANTES D'INTÉRIEUR

Les plantes d'intérieur qui se portent mal bénéficieront beaucoup de vacances à l'extérieur en été.

Il faut les sortir vers la mi-juin, et les rentrer à la fin d'août. Placez-les dans un endroit semi-ombragé.

Ne sortez cependant pas celles qui jouissent d'une santé parfaite: vous pourriez de la sorte bouleverser leur rythme de croissance.

Pour leur part, les violettes africaines n'apprécient pas beaucoup les séjours à l'extérieur.

POIREAUX

Pour obtenir une récolte hâtive, semez les poireaux à l'intérieur, vers le 1er avril, et repiquez à l'extérieur au début du mois de mai.

Il est préférable de planter les poireaux en tranchées peu profondes plutôt qu'en rangs surélevés.

À mesure que les tiges grossissent, remplissez graduellement la tranchée. Cette pratique permet de récolter des poireaux à tige blanche plus longue.

Il est aussi avantageux de semer une seconde récolte directement en pleine terre en mai. Ces poireaux-là seront prêts à la récolte en octobre. Ne les arrachez cependant pas tous, car les poireaux passent très bien l'hiver à l'extérieur. Vous pourrez les cueillir en avril prochain, avant qu'ils ne prennent leur croissance.

POMMES DE TERRE

Des morceaux de pommes de terre, enterrés aux coins du jardin, dont on marque l'emplacement et que l'on retire toutes les quinzaines, empêchent le ver fil-de-fer de s'en prendre à vos légumes et à vos chrysanthèmes.

POTASSE

La potasse augmente la vitalité de la plante, et sa résistance à la maladie.

C'est le troisième élément qui apparaît dans la liste de trois chiffres imprimée sur les emballages d'engrais.

(Voir aussi **Fertilisation** et **Engrais**.)

POURPIER

Le pourpier constitue une excellente plante annuelle pour les endroits ensoleillés et secs.

Il se ressème de lui-même lorsqu'on laisse les plants en place à l'automne.

PROPRETÉ

Comme en toute chose, la propreté dans le domaine du jardinage s'avère capitale. Un jardin propre durant sa croissance courra moins de risque qu'un potager mal tenu.

Lavez-vous les mains avant et après le jardinage. Vous éviterez ainsi de répandre maladies et insectes.

Il importe de ramasser les fleurs, les feuilles mortes, les fruits et légumes mûrs que l'on n'a pas récoltés. Ce ramassage évite l'infestation des parasites et diminue les risques de maladies.

En fin de saison, ramassez toujours les tiges, les feuilles, les racines et les mauvaises herbes.

PULVÉRISATEUR

Si vous comptez aménager un grand jardin, ou si vous cultivez déjà des arbres, des fleurs et des arbustes, il vaut la peine de vous munir d'un pulvérisateur à pression: les insectes aussi ont hâte de goûter à vos légumes et à vos fruits. Si vous les laissez se répandre, ils ruineront en un rien de temps tous vos efforts.

Le pulvérisateur à pression permet de réprimer efficacement et rapidement les insectes.

Pour un petit jardin, un pulvérisateur en plastique, d'une capacité de 2 litres (environ 2 pintes), suffit.

Si vous songez par contre à vous servir du pulvérisateur sur tout le terrain, optez pour un modèle de métal, muni de roulettes et pouvant contenir au moins 8 litres (environ 8 pintes) de liquide.

PYRÈTHRES
(Pyrethrums)

Les fleurs en forme de marguerites de cette belle plante vivace contiennent un insecticide naturel. Plantez-en quelques pieds dans votre jardin pour aider à détruire les insectes.

QUATRE-SAISONS
(Hydrangeas)

Vous a-t-on offert une belle plante quatre-saisons rose ou bleue à Pâques? Lorsque la floraison est terminée, coupez les tiges à environ 15 cm (6 po) du bord du pot et installez la plante en pleine terre. Traitez-la comme un rosier.

Pour obtenir la belle couleur bleue des fleurs, arrosez le sol avec une solution composée de 5 ml (1 c. à thé) de sulfate d'aluminium dans 2 litres (environ 2 pintes) d'eau en mai et en juillet.

RADIS

Les radis sont relativement faciles à cultiver, sans compter qu'on peut commencer à les récolter de trois à quatre semaines après les semis du début mai.

Les radis aiment le temps frais. Il ne faut donc pas en semer entre le 1er juillet et le 15 août, car la chaleur les fait monter en graine.

On peut toutefois procéder à des semis tardifs (fin d'août, début de septembre), pour obtenir une récolte automnale.

En semant des radis à proximité des concombres, sur les monticules même, on peut arriver à éloigner l'escarbot du concombre qui s'en prend aussi aux courges et aux citrouilles.

RAIFORT

À moins de raffoler particulièrement du raifort, assurez-vous d'enlever toutes les racines lorsque vous le cueillez à l'automne, car cette plante vivace est l'une des plus envahissantes.

RÂTEAU

Un autre outil important. Il vous servira souvent pour égaliser ou étendre la terre. Choisissez plutôt les modèles à long manche et dont les dents sont droites plutôt que courbées.

(Voir aussi **Outils**.)

RHUBARBE

Lorsque vos plants de rhubarbe produisent des fleurs vers la fin du mois de juin, il faut les enlever dès leur apparition. En effet, les fleurs qui montent en graine rendent les tiges coriaces et amères.

Les feuilles de rhubarbe bouillies servent à préparer une solution dont on peut asperger les roses pour contrer la tache noire.

RICIN

Attention aux graines de ricin: elles sont très toxiques. À semer avec prudence, surtout si vous avez de jeunes enfants.

ROMARIN

Planté près des légumes, le romarin éloigne l'asticot du chou qui le déteste.

À proximité des haricots, cette herbe aromatique chasse le chrysomèle du haricot qui l'abhorre.

ROSIERS

Les hybrides de thé

Grosses roses de fleuristes, elles sont souvent très parfumées. Les plants en sont fragiles et on se doit de bien les protéger l'hiver.

Les grandifloras

Les roses de cette variété sont presque aussi grosses que les précédentes.

Sur les tiges, elles sont aussi plus nombreuses. Fragiles, ces rosiers doivent
également être protégés en hiver.

Les floribundas, polyanthas, multifloras

Les roses sont toutes petites, très
nombreuses et poussent souvent en
grappes sur les tiges. Leurs plants sont
plus petits que les deux autres. Plus
résistants que les deux types précédents, ces rosiers demandent quand
même une protection hivernale.

Les rosiers arbustifs ou rugosa

Ces variétés, issues d'espèces anciennes pour la plupart, sont très rustiques et ne nécessitent pas de protection hivernale.

Elles n'ont pas besoin de taille et se
comportent comme des arbustes ordinaires.

Leurs fleurs sont souvent simples ou
semi-doubles et on les voit moins que
celles des autres espèces.

La floraison ne dure souvent qu'un ou deux mois.

Les plants de cette variété de rosiers peuvent composer des haies ou des massifs magnifiques.

Les rosiers grimpants

Ces variétés très rustiques n'ont pas besoin de protection d'hiver. Les plants sont très fragiles, mais ils sont spectaculaires.

Les rosiers sur tige

Ce genre de rosiers est probablement le plus fragile, mais aussi le plus éclatant. Certaines sous-variétés sont mêmes pleureuses; leurs cascades de roses retombent jusqu'au sol.

Comme les grimpants, on doit enterrer le plant au complet pour l'hiver.

On doit fixer les rosiers grimpants à un treillis au moyen de lanières de tissu, à mesure que les tiges grandissent.

Plantez toujours la «greffe» de vos rosiers 5 cm (2 po) plus profondément que la surface du sol.

Si vous utilisez des feuilles mortes comme protection hivernale, saupoudrez d'abord un insecticide-fongicide sur vos rosiers pour prévenir l'apparition, au printemps suivant, d'insectes ou de maladies.

Supprimez les gourmands dès leur apparition, sinon votre rosier redeviendra sauvage. Les gourmands sont des pousses vigoureuses, aux feuilles plus pâles et plus petites. Ils émergent d'en dessous de la greffe.

Ne découvrez pas vos rosiers trop tôt au printemps. Attendez que les bourgeons des lilas se gonflent, à la fin du mois d'avril ou au début du mois de mai.

Enlevez les fleurs dès qu'elles se fanent pour stimuler la production florale du rosier.

En novembre, rabattez les tiges à environ 25 cm (10 po) de hauteur.

Les rosiers sont des plants de soleil. Il leur en faut au moins six heures par jour, sans quoi ils fleurissent très peu et deviennent sujets aux maladies et aux insectes.

N'installez pas de protection hivernale avant que le sol ne soit gelé en novembre. Si vous les couvrez trop tôt, de nouvelles pousses tendres se développent pour geler par la suite, ce qui risque d'endommager énormément le plant.

(Voir aussi **Gourmands, Novembre** et **Quatre-saisons.**)

RUSTICITÉ

La rusticité est la résistance aux intempéries. Les pépiniéristes divisent les régions du Québec en zones climatiques dont l'indice de rusticité varie de 1 à 5. Plus l'indice est bas, plus la plante devra savoir résister aux intempéries.

Avant de choisir vos plantes, arbres et arbustes, assurez-vous que l'indice de rusticité convient à votre région.

Plus le chiffre de la zone est petit, plus la plante, l'arbuste ou l'arbre peut être cultivé en région nordique.

Par exemple, un arbuste dont la zone de rusticité est 5b (Montréal) ne survivra pas dans une zone 3b (Chicoutimi).

SABLE

Lorsque vous semez de la semence très fine, mêlez-la pour moitié avec du sable dans un sac de papier. Cette méthode vous garantit une meilleure répartition des graines au sol.

SAPIN

Le sapin ne se comporte pas très bien dans les jardins urbains. Utilisez plutôt l'épinette.

SARCLOIR

Cet outil sert à effectuer des binages légers dans les plates-bandes au cours de l'été. Évitez les modèles à roulette qu'il suffit de rouler sur le sol. Ces derniers ne creusent pas assez profondément, et la terre s'accumule continuellement entre les dents. Les modèles à long manche et aux dents légèrement recourbées restent les meilleurs.

Pour effectuer un binage vraiment efficace, rien ne surpasse la bonne vieille méthode qui consiste à se mettre à quatre pattes et à retourner la terre avec le déplantoir.

(Voir aussi **Déplantoir** et **Outils**.)

SAUGE

Plantée à proximité des légumes, la sauge éloigne elle aussi l'asticot du chou.

SAULES

Les racines des saules sont les ennemies mortelles des tuyaux, des piscines et des solages. Plantez-les toujours à au moins 8 m (26 pi) de toute construction et de tout égout.

Les saules se multiplient facilement par bouturage. Il suffit de prélever une belle branche d'environ 3 cm (1 1/4 po) de diamètre très tôt au printemps, et de la planter directement en terre. Elle va retiger toute seule.

Malgré l'avantage que présente sa croissance rapide, la durée de vie du saule est relativement courte: environ 30 ans. Il vaut donc mieux l'éviter.

SÉCATEUR MANUEL

Cet outil est indispensable pour tailler les arbres, les arbustes et les fleurs.

Le prix de cet outil fluctue énormément. Certains modèles, pourtant d'apparences similaires, coûtent plus du double des autres. On vous dira que tel modèle particulièrement onéreux vient de Suisse, de Suède ou du bout du monde. Choisissez de préférence le modèle dont le prix se situe juste au milieu de l'échelle. Les modèles bon marché sont de moins bonne qualité, mais ceux dont le prix est exorbitant ne présentent pas une qualité meilleure que les modèles à prix moyen.

Évitez enfin les sécateurs dont une seule lame est tranchante: ils ont tendance à se briser plus facilement.

On peut dire qu'il y a trois sortes de sécateurs manuels: le sécateur à lames droites, celui à une seule lame tranchante courbe, et le sécateur à enclume (la lame appuie sur une surface plane que l'on appelle «enclume»).

Le sécateur manuel à lames droites présente l'avantage d'une césure plus nette.

La deuxième sorte, le sécateur à une seule lame tranchante, ne travaille à son mieux que lorsqu'il y a beaucoup de branches.

Enfin, la troisième catégorie de sécateur manuel, le sécateur à enclume, dissimule ses avantages: on dirait qu'il n'a que des inconvénients. En effet, il meurtrit les branches et n'effectue pas de césure propre.

(Voir aussi **Outils.**)

SEL

Le sel que l'on répand l'hiver pour éviter les chutes dans les entrées de garages et sur les trottoirs est toxique pour la plupart des plantes, pour le gazon et pour les arbustes. Utilisez plutôt les nouveaux produits non toxiques que l'on trouve maintenant un peu partout sur le marché ou encore de la cendre.

(Voir aussi **Cendres**.)

SEMIS

Ne semez pas vos annuelles ou vos légumes trop tôt dans la maison, à moins de posséder une serre. Les semis entrepris avant le mois d'avril ont tendance à s'étioler et à monter en orgueil par manque de lumière.

Pour éviter une maladie très commune appelée «fonte du semis», appliquez un fongicide sur la terre en effectuant vos semis.

Lorsque les petits plants atteignent environ 7 cm (2 3/4 po) de hauteur, il faut les pincer afin d'encourager une croissance plus compacte.

Comment faire les semis extérieurs

Semer des graines semble à prime abord bien facile, mais pour celui qui ne l'a jamais fait, l'opération risque de se compliquer un peu.

Il ne faut pas oublier que les petites graines que l'on sème sont appelées à prendre beaucoup d'ampleur avant d'atteindre la maturité.

L'erreur que commettent la plupart des débutants est de semer trop serré. On voit parfois des rangs de carottes si denses qu'ils ressemblent plus à des allées gazonnées qu'à des rangs de légumes.

Il faut aussi éviter de tenir l'enveloppe de graines trop loin de la terre en semant. En tombant sur le sol, celles-ci bondissent en tous sens. Vous obtiendrez des rangs de deux ou trois sortes de légumes! L'esthétique et surtout l'efficacité du jardin y perdent.

La bonne manière de semer consiste d'abord à tracer de petits sillons au sommet de chaque rang. Pour ce faire, employez le manche du râteau: couchez-le sur le rang et appuyez légèrement. Retirez le râteau, et le tour est joué. Vous obtiendrez un beau rang rectiligne, car la rainure laissée par le râteau vous servira de guide.

Semez maintenant les graines doucement dans la rainure, et arrangez-vous, dans la mesure du possible, pour que chaque graine soit distancée de sa voisine par environ quatre fois sa grosseur. Refermez ensuite doucement le sillon en le râclant avec la tête du râteau.

Lorsque tous les rangs ont été semés et refermés, arrosez légèrement avec votre arrosoir manuel. Attention de ne pas faire ruisseler l'eau, ce qui pourrait laver les semis.

Contrairement aux laitues, choux et oignons dont les feuilles poussent en rosette, il convient, pour les plants de tomates, de concombres, de poivrons et autres légumes à tige, de pincer le bourgeon terminal lorsque le plant atteint une grandeur de 8 à 10 cm (de 3 à 4 po).

Généralement, cette opération coïncide avec l'enlèvement du sac de plastique que l'on a posé sur le sol et que l'on a troué pour laisser passer les pousses.

La suite est fort simple: il suffit de regarder croître vos plants en grâce, en sagesse et en beauté... Maintenez la terre humide et aspergez le feuillage avec de l'eau tiède tous les jours. Une vieille bouteille de lave-vitres munie d'un gicleur convient parfaitement.

Semis d'intérieur

La façon la plus simple et probablement la plus sécuritaire de faire des semis d'intérieur consiste à utiliser des pots de tourbe biodégradables. Ceux-ci possèdent l'avantage de laisser passer les racines à travers les parois. Ainsi, lorsque vient le temps de repiquer les jeunes plants à l'extérieur, vous n'avez qu'à creuser un trou et à mettre le pot en entier en pleine terre, éliminant du même coup le choc de la transplantation.

Commencer les plants en pots de tourbe n'a rien de compliqué. Il suffit d'un peu de vigilance pour veiller à ce que les pots ne se dessèchent pas, et à tailler les plants, le moment venu.

On commence les semis d'intérieur en mars.

Arrosez chaque pot avec de l'eau enrichie d'engrais soluble. Mouillez bien la terre des pots. L'excès d'eau s'échappera par les parois.

Déposez ensuite trois graines par pot, sur la surface du terreau, et recouvrez le tout de 6 mm (1/4 po) de mousse de tourbe.

Les graines très fines, comme celles de la laitue, ne seront que très légèrement saupoudrées de mousse, tandis que les graines plus volumineuses de tomates et de concombres seront enterrées à environ 1 cm (2/5 po) puis recouvertes de 6 mm (1/4 po) de mousse.

Arrosez encore un peu, en allant doucement, avec un brumisateur si possible, pour humecter la mousse de tourbe.

La seconde opération consiste à enfermer chaque boîte à semis (contenant les pots) dans un sac de plastique fermé hermétiquement.

La petite serre ainsi créée retiendra l'humidité à l'intérieur et vous évitera de devoir humecter tous les jours.

Dans une ou deux semaines, les jeunes plants sortiront de terre. Percez alors quelques trous dans les sacs pour mieux aérer les semis. Veillez à ce que les pots restent humides.

Lorsque les plants auront atteint le sommet du sac, retirez celui-ci. Profitez de ce moment pour procéder à une autre application d'engrais soluble.

Comme vous avez semé trois graines par pot, choisissez celui des trois plants qui vous semble le plus fort et coupez les deux autres avec une paire de ciseaux. En effet, il vaut mieux les couper que de tenter de les arracher et risquer d'endommager les racines du plant conservé.

Enfin, comme les plants auront en grandissant tendance à se tourner vers la fenêtre devant laquelle ils ont été placés, il faudra veiller à tourner les pots d'un quart de tour chaque jour pour qu'ils se développent également de tous les côtés.

SEPTEMBRE

C'est le bon moment de semer du nouveau gazon. En semant dès le début du mois, les jeunes brins d'herbe auront suffisamment de temps pour s'établir avant l'hiver, sans compter le fait qu'ils ne courront pas le risque d'être brûlés par le soleil.

Il survient souvent une petite gelée au début du mois, suivie d'une précieuse période de réchauffement. Lorsque la météo annonce une gelée nocturne, recouvrez vos plantes annuelles et vos plants de légumes d'un papier journal que vous retirerez le lendemain matin.

Les plantes situées sous un patio cou-
vert ou celles qui se trouvent sous un
arbre n'auront pas besoin de protection.

Au début de septembre, c'est le
moment de semer les violas, si vous
voulez jouir de leur floraison dès le mois
d'avril.

SOL

Préparation du sol

La préparation du sol, avant l'intro-
duction de toute culture, est l'étape la
plus importante de l'aménagement
paysager.

C'est la qualité du sol qui déterminera
avant tout le succès de vos cultures.

La terre que l'on trouve autour des
maisons nouvellement construites pro-
vient en grande partie de l'excavation
des sous-sols, et ne convient pas à la
culture ornementale. Il faut lui ajouter de
la terre à jardinage, plus riche et plus
friable.

Pour améliorer un sol glaiseux, ajoutez du sable grossier et de la mousse de tourbe en bonnes quantités au printemps. Bêchez le sol et incorporez les deux éléments.

Recommencez la même opération à l'automne, si la qualité du sol ne s'est pas suffisamment améliorée.

Il importe que le sol dans lequel croissent vos arbustes, arbres et plantes soit de bonne qualité. Plusieurs types de sol existent.

Les deux types de sols que l'on rencontre le plus souvent dans nos jardins sont ou bien trop lourds ou bien trop légers.

Les premiers, dits argileux, s'égouttent lentement et deviennent compacts en séchant. Les seconds, dits sablonneux, s'égouttent rapidement, mais ne retiennent en quantité suffisante ni l'eau ni les éléments nutritifs nécessaires à la croissance des plantes.

La terre à jardin est un type de sol qui réunit les qualités des deux sols précédents sans en présenter les inconvénients. On peut se procurer la terre à jardin chez les pépiniéristes, dans les centres de jardinage et chez certains quincaillers.

On peut alourdir un sol sablonneux en lui ajoutant de la mousse de tourbe et de la terre à jardin au printemps et à l'automne.

SOUCIS

Le souci répugne à la cicadelle que l'on peut retrouver sous les feuilles de presque toutes les plantes, et qui est susceptible de transmettre des maladies virales à la pomme de terre.

Le chrysomèle du haricot l'exècre aussi, tout comme la mouche blanche qui adore les tomates, les concombres, les fushias et les chrysanthèmes.

SULFATE D'ALUMINIUM

Le sulfate d'aluminium donne la belle couleur bleue aux épinettes bleues du Colorado et aux quatre-saisons que vous plantez.

Pour l'épinette, arrosez-la au printemps d'une solution faite de 15 ml (1 c. à soupe) de sulfate d'aluminium pour 4 litres (environ 4 pintes) d'eau.

Quant aux quatre-saisons, il vous suffit de les arroser d'une solution faite de 5 ml (1 c. à thé) de sulfate d'aluminium par 2 litres (environ 2 pintes) d'eau en mai et en juillet.

(Voir aussi **Épinette** et **Quatre-saisons.**)

TAILLE

Ne taillez pas les érables entre le 1er mars et le 15 avril: l'écoulement trop abondant de sève en cette période risque en effet de les affaiblir.

La plupart des arbustes florifères produisent leurs fleurs sur le bois de l'année précédente. Il faut donc les tailler dans les deux semaines qui suivent la floraison. Si vous les taillez à l'automne, vous les empêcherez de fleurir au printemps suivant.

Les hydrangées et les spirées roses toutefois fleurissent sur le bois de l'année en cours. Elles bénéficient énormément d'une bonne taille printanière.

Les meilleurs moments pour rajeunir une haie en la coupant très bas se situent tôt au printemps, avant l'éclosion des bourgeons, et tard à l'automne, après la chute des feuilles.

S'il vous faut couper une grosse branche d'arbre, faites d'abord une incision sous la branche, près du tronc. Autrement, la branche, en tombant, arrachera un long lambeau d'écorce.

TAPIS À ASTICOTS

Le tapis à asticots est un cercle de papier goudronné que l'on place à la base des jeunes plants pour empêcher la mouche à chou de venir y déposer ses oeufs.

Autour de la base des troncs d'arbres, le tapis à asticots interdit à la femelle de la chenille, qui n'a pas d'ailes — contrairement au mâle — et qui doit grimper, d'aller déposer ses oeufs sur les branches.

TENTES CHAUDES

Il est possible de prolonger quelque peu la saison de croissance au printemps et à l'automne grâce aux tentes chaudes.

Les tentes chaudes sont de petites serres miniatures faites de plastique transparent. Elles accumulent la chaleur du soleil pendant le jour et en retiennent une partie pour la nuit, protégeant ainsi les jeunes plants qu'elles abritent du gel. Elles s'avèrent pratiques pour hâter la croissance des légumes au début de mai, et protéger les plants fragiles de tomates, de poivrons et de concombres contre les gelées tardives. Elles permettent de devancer la saison de deux semaines.

On peut se procurer des tentes chaudes chez les pépiniéristes et dans les centres de jardinage. Leur format reste variable.

On les installe quand on procède aux semis, ou lors du repiquage des plants délicats.

Par contre, les tentes chaudes présentent l'inconvénient d'accumuler trop de chaleur lorsque la température extérieure dépasse 20 °C (68 °F) par temps ensoleillé. Il faut alors soulever les tentes à l'aide d'un petit bâton, et les refermer avant le coucher du soleil pour conserver une partie de la chaleur pendant la nuit.

TERRE À JARDIN

La terre à jardin est un type de sol qui réunit les qualités du sol argileux et du sol sablonneux sans en présenter les défauts. On peut se la procurer chez les pépiniéristes, dans les centres de jardinage et dans certaines quincailleries.

TERREAUTAGE

Le terreautage consiste à étendre, au printemps, de 2 à 3 cm (de 3/4 à 1 1/4 po) de terreau sur votre pelouse.

Grâce à ce procédé, vous nivelez votre terrain, vous nourrissez l'herbe et les racines de votre gazon.

THYM

Cette herbe aromatique éloigne le ver à chou des choux, des brocolis, des choux-fleurs, des choux frisés, du céleri, de la laitue, des pois et des épinards.

TOMATES

Lorsque vous faites l'achat de plants de tomates, choisissez de préférence les pieds trapus, au feuillage vert foncé.

Pour obtenir des plants plus forts, repiquez-les de biais dans le sol, de façon à enterrer une partie de la tige.

Enlevez les gourmands dès leur apparition. Les gourmands sont des tiges qui poussent à 45 °, à la jonction des branches et du tronc.

Lorsque les fruits commencent à se former, il faut tuteurer les plants. Attachez les tiges aux tuteurs à l'aide de languettes de tissu. N'employez jamais de ficelle ou de broche: elles risqueraient de sectionner les tiges.

Ne maintenez pas le sol autour des plants trop humide, sans quoi vos tomates goûteront l'eau et risqueront de se fendiller.

TONDEUSE À GAZON

La tondeuse à gazon doit durer long-temps. Ne lésinez donc pas sur la qualité lors de l'achat, mais ne choisissez pas non plus les modèles supersophistiqués très coûteux. Rappelez-vous que plus un appareil est compliqué, plus il se brise souvent.

Accordez aussi beaucoup d'importance à l'entretien de votre tondeuse, et faites-lui faire une mise au point à chaque printemps.

Assurez-vous que vos lames sont toujours bien aiguisées pour prévenir les dommages au gazon. En effet, les lames mal effilées déchirent les brins d'herbe plus qu'elles ne les coupent, et elles abî-ment de la sorte votre pelouse, sensibilisée du même coup aux maladies.

TOURBE

Lorsque vous posez de la tourbe, assurez-vous que les «coutures» entre les rouleaux n'arrivent pas vis-à-vis les unes des autres. Procédez plutôt comme si vous dressiez un mur de brique.

Dans les pentes, disposez les rouleaux verticalement, et fixez-les au sol au moyen de bâtonnets pour empêcher qu'une forte pluie ne les fasse glisser.

Vous pouvez commencer à tondre la tourbe quand les rouleaux ne décollent pas lorsque vous tirez sur les brins de gazon.

Si les marmottes fréquentent votre région, installez en permanence un grillage (broche à poule) par-dessus le gazon. Fixez-le solidement au sol à l'aide de chevilles de plastique ou de bois, comme celles que l'on utilise en camping. Le gazon poussera facilement au travers, et les marmottes ne pourront pas y creuser de trous.

TRANSPLANTATION

Les arbustes à racines nues déjà en feuilles ou en fleurs subissent mal le choc de la transplantation.

À moins que les racines ne plongent dans un contenant biodégradable ou dans une solide motte de terre entourée de jute, toutes les plantes subissent un choc au moment de la transplantation.

Pour minimiser l'effet de ce choc, il importe de tailler sévèrement l'arbre ou l'arbuste que l'on transplante.

Le choix judicieux au moment de l'achat permet justement d'éviter les mauvaises surprises liées à la transplantation de sujets trop fragiles.

Lors de la transplantation, certaines plantes deviendront peut-être un peu — ou très — molles. Il est bon de les tuteurer, sans quoi elles risqueraient de prendre un pli disgracieux en reprenant de la vigueur.

Quand vous transplantez un arbre, emplissez le fond du trou d'un mélange de terre à jardin et de mousse de tourbe, à raison d'une partie de mousse de tourbe pour deux parties de terre. Incorporez encore une ou deux poignées d'engrais chimique et deux ou trois poignées de fumier ou de compost au mélange.

Lors de la transplantation d'arbustes dont les racines sont emballées dans du jute, il est recommandé de détacher le jute autour du tronc après la mise en terre et de couper l'excédent.

L'ancienne croyance selon laquelle il fallait planter les conifères suivant exactement l'orientation vers le soleil qu'ils occupaient dans leur lieu d'origine est fausse.

TULIPES

Pour allonger la trop courte saison des tulipes, plantez des variétés hâtives, de mi-saison, et tardives.

Si vous plantez en outre des variétés hâtives le long d'un mur ensoleillé et abrité du vent près de la maison, et des variétés tardives dans un endroit ombragé, vous étirerez encore davantage la période de floraison.

TUTEURS

Si vous songez à cultiver des tomates ou des haricots, vous aurez besoin de tuteurs. Ceux de bambou ne coûtent pas cher et vous pouvez vous les procurer chez la plupart des pépiniéristes et dans la majorité des centres de jardinage.

Pour attacher une plante ou un arbre à un tuteur, employez toujours des lanières de cuir ou de tissu. Ne vous servez jamais de corde ou de fil de fer qui blesseraient à coup sûr votre plante ou votre arbre.

VERGLAS

Si le verglas a fait plier vos petits arbres, ne tentez pas d'enlever la glace vous-même. Vous feriez plus de tort que de bien.

Attendez plutôt que la glace fonde d'elle-même, puis redressez l'arbre avec des cordes ou un tuteur, selon le volume qu'il occupe.

VERS DE TERRE

La présence de vers de terre indique la bonne qualité du sol et sa richesse en matières organiques. Il ne faut pas les détruire, car ils contribuent à aérer le sol lorsqu'ils creusent leurs petites galeries.

VERS GRIS, VERS BLANCS

Ces vers peuvent causer des dégâts considérables aux racines, aux feuilles et aux fruits. Supprimez-les dès que vous constatez leur apparition.

VIGNES

Les vignes orientées vers des treillis ou des pergolas donnent de l'ombre aux patios tout en portant de beaux fruits.

VIOLAS

(Pensées vivaces)

Les violas fleuriront dès le mois d'avril si vous les semez en pleine terre au début du mois de septembre.

VIVACES

Il faut acheter les plantes et les fleurs vivaces le plus tôt possible au printemps, quand elles sont encore en période de dormance. Plus les plants de fleurs vivaces sont gros, meilleurs ils sont.

TABLE DES MATIÈRES